Dr. Wladimir Klitschko · Tatjana Kiel
Gestohlene Leben

Dr. Wladimir Klitschko
Tatjana Kiel

Gestohlene Leben
Die verschleppten Kinder der Ukraine

Unter Mitwirkung von Mykola Kuleba,
Dörte Kruppa, Nina Paul und Sabine Oelmann

HEYNE ‹

Penguin Random House Verlagsgruppe FSC® N001967

Originalausgabe 2023
Copyright © 2023 by Wilhelm Heyne Verlag, München,
in der Penguin Random House Verlagsgruppe GmbH,
Neumarkter Straße 28, 81673 München
Redaktion: Claudia Fritzsche
Umschlaggestaltung: wilhelm typo grafisch
unter Verwendung eines Fotos von: © privat
Alle Fotos: © privat
Satz: KCFG – Medienagentur, Neuss
Druck und Bindung: GGP Media GmbH, Pößneck
Printed in Germany
ISBN: 978-3-453-21868-0

www.heyne.de

Für unsere Kinder.
Den Mutigen gehört die Welt.

Für unsere Teams
von #weareallukranians (#waau)
Dörte, Claudia, Anna, Nina, Alisa, Angelika, Miriam,
Daniela, Nina, Antje, Nicola, Claudia, Nadine

von Klitschko Ventures
Astrid, Mathias, Nicole, Katharina, Carmen, Annika,
Rebecca

von #SaveUkraine
Mykola Kuleba und Anastasia, Myroslava, Kateryna,
Tetiana, Ksenia

Inhalt

Vorwort

von Dr. Wladimir Klitschko

Ich werde die Begegnung mit Yuri nie vergessen. Wie könnte ich seinen Blick vergessen? Diesen Ausdruck absoluter Unsicherheit, den jede seiner Bewegungen vermittelte? Yuri strahlte trotzdem eine echte Aura aus, eine gewisse Ruhe. In seinen Augen spiegelten sich Weisheit und Erfahrung wider. Und doch gab es eine Tatsache, die nicht zu all dem passte: Yuri war gerade einmal zehn Jahre alt.

Ja, er hatte den Blick derer, die zu viel gesehen haben. Wie all die anderen Kinder, die ich an diesem Tag im März 2023, ein Jahr nach dem Beginn der russischen Invasion gegen mein Land, traf. All diese Kinder, die mich wie Erwachsene ansahen, die in wenigen Wochen um zwanzig Jahre gealtert waren, die aber, wie ich spürte, jegliches Vertrauen in sich selbst verloren hatten.

All diese Kinder hatten tatsächlich ihre Reinheit, ihre Lebensfreude, ihre Unbeschwertheit, kurz gesagt, ihre Kindheit, verloren. Ich brauchte Zeit, um die Gewalt des russischen Angriffs zu verarbeiten, der am 22. Februar 2022 begonnen hatte. Aber ich verstand sehr schnell, dass russland nicht einfach den Norden der Ukraine angriff, um unsere Hauptstadt zu erreichen oder den Osten und den Süden, sondern vor allem seine Zukunft. russland will die Ukraine von der Landkarte tilgen, und um die Ukraine zu zerstören, muss es ihre Zukunft und damit ihre Jugend zerstören. Ich schreibe hier bewusst *russland*, denn eine sogenannte Großmacht, die einem freien Volk wie der Ukraine das Existenzrecht abspricht und viele andere angegriffen und bedroht hat, verdient es nicht, großgeschrieben zu werden.

Diese Verbrechen gegen ukrainische Kinder sind ein Verbrechen gegen die gesamte Menschheit. Diese Verbrechen sind Teil einer Reihe umfassenderer Verbrechen: Folter und Deportation von Kriegsgefangenen, Folter und Massaker an Zivilisten, vorsätzliche und gezielte Angriffe auf Infrastruktureinrichtungen. Das Zentrum für Bürgerliche Freiheiten (Центр громадянських свобод), die ukrainische NGO und Trägerin des Friedensnobelpreises 2022, hat mehr als 26.000 Gräueltaten aufgezählt.

Diese Zahlen sind nur die Spitze des Eisbergs. Sie beziehen sich nur auf die Gebiete, die von der ukrainischen Armee zurückerobert wurden. In allen besetzten Gebieten ist es nicht möglich, diese Arbeit durchzuführen.

Um es hier klar zu sagen: Dieser Krieg wird nicht nur gegen das ukrainische Militär geführt, sondern auch direkt und vorsätzlich gegen die ukrainische Zivilbevölkerung. Darüber hinaus wird dieser Krieg nicht nur von Wladimir Putin, sondern von ganz russland geführt. Ich bedauere dies, aber es ist nun einmal so. Meinungsumfragen zeigen, dass eine Mehrheit der Bevölkerung die Politik russlands in diesem Bereich unterstützt. Zwar werden Proteste völlig unterdrückt, aber die Wahrheit ist, dass es zwar Gegner gibt, diese aber in der Minderheit bleiben.

russland hat in diesem Krieg jeden moralischen Kompass verloren. Es glaubt, dass es sich im Krieg gegen die

»Kräfte der Dekadenz« befindet. Und einige Redner gehen so weit, dass sie den Westen mit Satan gleichsetzen. Es gibt wirklich messianische und eschatologische Anklänge, die insbesondere, aber nicht nur, von der russisch-orthodoxen Kirche und Patriarch Kirill vertreten werden. Es ist die Vorstellung, dass in der Ukraine ein heiliger Krieg ausgetragen wird.

Diese imperialistische und religiöse Ideologie hat also ein klares und öffentlich bekundetes Kriegsziel: die Leugnung der ukrainischen Nation und des Rechts der Ukraine, als souveräner Staat zu existieren.

Die Schäden dieses Wahnsinns sind für mein Land schrecklich. Wir haben Zehntausende von getöteten Zivilisten zu beklagen. Frauen, Kinder, niemand bleibt verschont. Krankenhäuser, Schulen, Häuser, Museen, kein Gebäude ist sicher. Die menschlichen Schäden sind beträchtlich, aber auch die materiellen. Letztere werden auf über 50 Milliarden US-Dollar geschätzt. Es gibt über 3000 Hektar verbrannte Wälder, verseuchte Flüsse und vergiftete Böden. russland versucht, nicht nur einen Genozid, sondern auch einen Ökozid durchzuführen.

Dieser Krieg ist ein totaler Krieg, der gegen das ukrainische Volk geführt wird. Manchmal wird gesagt, dass die Wahrheit das erste Opfer eines Krieges ist. Das stimmt, besonders wenn russland diesen Krieg plant und führt, indem es Propaganda wie kein anderer einsetzt. Aber ich möchte hinzufügen, dass das unerträglichste Opfer eines Krieges die Kinder sind. Denn russland hat beschlossen, diesen Krieg auch gegen die ukrainischen Kinder zu führen, nach bestem Wissen und Gewissen, mit einem genauen Plan, der systematische Deportationen und Zwangsadoptionen in astronomischen Größenordnungen vorsieht.

Natürlich sind auch in anderen Konflikten Zivilisten und damit Kinder Opfer, und manchmal werden Kinder systematisch entführt, wie zum Beispiel im argentinischen Bürgerkrieg zwischen 1976 und 1983, was damals als »Fall der gestohlenen Babys« bezeichnet wurde, da die Diktatur die Kinder politischer Gegner entführte. Doch hier setzt russland eine systematische und detaillierte Staatspolitik von ganz anderem Ausmaß ein, um die ukrainische Jugend auszurotten. Das ist auch der Grund, warum die internationale Justiz diese Politik zu ihrem Hauptanklagepunkt gemacht hat.

russland greift ukrainische Kinder an, um die Ukraine zu töten, aber auch, um russland zu retten, das unter einem erheblichen Geburtendefizit leidet. Die Lebenserwartung von Männern im Alter von 15 Jahren ist dadurch um fünf Jahre auf das Niveau von Haiti gesunken. Die russische Bevölkerung nimmt immer weiter ab. Zum niedrigen Niveau des öffentlichen Gesundheitswesens und dem endemischen Alkoholismus kam dann in den letzten Jahren auch noch die Covid-Epidemie. Darüber hinaus haben Hunderttausende junge Menschen, meist die am besten ausgebildeten, das Land bereits vor dem Ausbruch des Krieges verlassen.

russland, das die Grundsätze des Völkerrechts mit Füßen tritt, obwohl es ständiges Mitglied des Sicherheitsrats der Vereinten Nationen ist, sollte aus den Reihen der zivilisierten Nationen verbannt werden. Die Aggression gegen die Ukraine hat nichts mehr mit Zivilisation zu tun. Der Beginn dieses Krieges markierte das Ende der Zivilisation für unser Land. Die internationale Gemeinschaft kann dies nicht länger tolerieren.

Dieser Krieg ist der blanke Wahnsinn. Die internationale Gemeinschaft ist verpflichtet, diese grausamen Verbrechen anzuprangern und nicht nur die ukrainischen Kinder, sondern auch die Zukunft des Weltfriedens zu retten. Die Ukraine kämpft auch für die Grundsätze des Völkerrechts, für die Freiheit der Völker und die Souveränität von Ländern auf der ganzen Welt.

Ich werde bis zum Ende kämpfen. Mein Bruder wird bis zum Ende kämpfen. Das gesamte ukrainische Volk wird bis zum Ende kämpfen. Denn für uns ist der Preis der Knechtschaft viel höher als der Preis des Krieges.

Die internationale Gemeinschaft ist nicht untätig. Sie unterstützt die Ukraine in dieser existenziellen Prüfung, und ich möchte hier und zum Abschluss all unseren Verbündeten danken, die uns mit Hilfsgütern und Waffen zur Seite stehen, damit wir uns und unsere gemeinsamen Prinzipien und Werte verteidigen können. Das deutsche Volk hat in diesem Krieg eine Seelengröße bewiesen, die es von Anfang an und für immer zu einem Brudervolk des ukrainischen Volkes macht.

Ich möchte auch die außergewöhnliche Arbeit derjenigen würdigen, die sich für die Rettung und Rückführung der deportierten ukrainischen Kinder einsetzen. Sie sind Helden und Retter und geben uns das Vertrauen in die Menschlichkeit zurück. Auch ihnen zollt dieses Buch Respekt.

Lesen Sie also dieses Buch. Erfahren Sie mehr über diese Kinder und ihre Familien, was sie erlebt und was sie überlebt haben. Diese Geschichten erzählen auch von Ihnen. Von unserer gemeinsamen Menschlichkeit. Von dem Schlimmsten und dem Reinsten, das sie in sich trägt. Aber lassen Sie sich nicht von der Traurigkeit überwältigen. Schöpfen Sie aus diesen Dramen den Willen, die Farben des Humanismus und der Freiheit hochzuhalten! Helfen Sie uns, die Invasoren zurückzudrängen und unsere Würde wiederzuerlangen. Helfen Sie uns, den ukrainischen Kindern, die zu schnell erwachsen geworden sind, ein wenig Freude und ein kleines Stück Zukunft zu geben. Helfen Sie uns, diesen Angriffskrieg zu beenden, der schon viel zu lange dauert.

Lang leben die ukrainischen Kinder! Es lebe die freie und souveräne Ukraine!

Slava Ukraini! Ruhm der Ukraine!

Vorwort

von Tatjana Kiel

Heroiam slava! Ruhm der Helden!

Die Szene spielt am 23. Februar 2023 in Moskau im Luschniki-Stadion. Dort findet ein »patriotisches Konzert« statt, um die russischen Soldaten zu ehren, die in der Ukraine im Einsatz sind. Plötzlich erscheint eine Gruppe von Kindern auf der Bühne, die von einem Soldaten begleitet werden. Das Mädchen, das das Mikrofon ergreift, wird als Anna Naumienko vorgestellt.

»Danke, Onkel Juri, dass du mich und meine Schwester aus Mariupol gerettet hast, wie Hunderttausende andere Kinder auch ... Ich habe ein wenig vergessen ...«

Das Mädchen scheint ihren Text nicht mehr zu wissen. Die Moderatorin versucht, das Ruder wieder in die Hand zu nehmen: »Komm, kleine Anna, hab keine Angst. Du kannst zu ihm gehen und ihn in den Arm nehmen.«

Die Kinder umkreisen daraufhin »Onkel Juri« (sic), ihren vorgeblichen Retter.

Diese Szene ist ein perfektes Beispiel für das Narrativ, das das russische Regime zu verbreiten versucht. Das Tragische verbindet sich in dieser Szene mit dem Absurden. Russland hält ukrainische Kinder nicht nur für Kriegsbeute, sondern macht sie auch zum Spielball seiner Propaganda.

Alles an dieser Szene ist falsch. Selbst der Name des Mädchens. Dies ist eine gängige Praxis der Behörden, die durch einen Präsidialerlass (Ukas) am 30. Mai 2022 eingeleitet wurde, um das Adoptionsverfahren für ukrainische Kinder zu beschleunigen und auf eine Dauer von 24 Stunden zu verkürzen. Auch das Wort »Adoption« wird missbraucht: Es handelt sich schlicht und einfach um Entführung. Der Erlass erlaubt es, das Geburtsdatum, den Geburtsort und den Namen des jeweiligen Kindes zu ändern. Das Ziel ist klar: Es soll ukrainischen Eltern unmöglich gemacht werden, ihre Kinder zu identifizieren und am Ende wiederzufinden.

Russland will nicht nur die familiäre Vergangenheit dieser Kinder auslöschen, sondern auch ihre nationale Vergangenheit, sie wollen sie russifizieren und ihnen die russische Sprache und Kultur beibringen. Es gibt unzählige Zeugenaussagen, die von den langen Stunden berichten, in denen die Kinder in den Internierungslagern russische Propagandafilme ansehen mussten. Eine echte Gehirnwäsche. Filme über die »Schönheit« Moskaus und manchmal sogar Filme über den »Großen Vaterländischen Krieg«. Kindern, die Bombenangriffe erlebt haben, Kriegsfilme zu zeigen, war ein gewagtes Unterfangen. Russland hat es getan. Russland erkennt keine staatlichen Grenzen an und Russland hat keine moralischen Grenzen.

Dieser von Russland am 22. Februar 2022 ausgelöste Krieg schockierte die Welt und ließ Europa erstarren. Ich habe diesen Tag wie einen 11. September erlebt. Ich kann mich noch genau an jedes Detail dieses Tages erinnern: Mein Herz wog plötzlich tonnenschwer, alles war in Zeitlupe und kalter Schweiß rann mir unaufhörlich den Rücken hinunter. An diesem Tag brach der Krieg vor unserer Haustür aus, nicht in unserem Land, aber bei uns, in Europa. Für mich ist Krieg die Niederlage der menschlichen Zivilisation. Ein Anachronismus. Eine Abscheulichkeit. Mein Land Deutschland hat sich um die Idee des Pazifismus herum wieder aufgebaut. Und zu sehen, wie die Raketen den Himmel füllen, wie sich die Panzer vor den Toren Kyivs stauen, all das ist für mich ein Albtraum im Wachzustand, der am Donnerstag, dem 24. Februar 2022, begann. Ein Albtraum, der bis heute anhält.

Wladimir hatte bereits im Dezember davor beschlossen, zu seinem Bruder Vitali zu ziehen. »Ich kann nicht anders.« Natürlich hätte er auch in Deutschland oder den Vereinigten Staaten bleiben können. Es wäre für beide einfach gewesen, zu fliehen, doch das war keine Option, nicht mal ein Gedanke. Sich der Situation zu stellen, war die logische Konsequenz. Diese Kraft, dieser Mut, diese Haltung haben mir gezeigt, wie wichtig die innere Überzeugung im Leben ist. Ich kenne die beiden Brüder seit 17 Jahren. Ich habe ihre Kämpfe mitorganisiert, aber ich habe gespürt, dass dieser Kampf hier etwas ganz anderes ist. Es ging und geht um die Freiheit ihres Volkes und die Zukunft ihrer Familien. Ich erkannte sofort den eisernen Willen wieder, der sie im Ring auszeichnete. Dieser Krieg wird lang sein, aber ihre Ausdauer wird Niederlagen, Tragödien und Dramen überwinden.

Tragödien und Dramen gibt es in diesem Krieg reichlich. Russland hatte schnell begriffen, dass seine Armee nicht in der Lage war, die ukrainische Armee vor Ort zu besiegen und das gesamte Territorium einzunehmen, und entschied sich für die Strategie des Terrors, indem es ab-

17

sichtlich Zivilisten bombardierte. Und dann ist da noch der Krieg im Krieg, der gegen Frauen geführt wird. Vergewaltigung als Kriegswaffe. Vergewaltigung, um die Seelen der Frauen und den Willen des Volkes zu brechen.

Da Wladimir und Vitali in Kyiv waren, stellte ich mir keine Fragen, ich wollte ebenfalls handeln, mit meinen Mitteln, von Hamburg aus, von Deutschland aus. Ihre Willensstärke und ihr moralisches Vorbild haben im Laufe der Jahre auf mich abgefärbt. Ihnen und den Opfern des Krieges zu helfen, das war eine riesengroße Herausforderung und zugleich eine klare Selbstverständlichkeit. Und am Ende eine einfache Frage: »Was braucht ihr?«

Die Aufgabenteilung erfolgte automatisch. Da sie an vorderster Front und im Herzen des institutionellen Apparats vor Ort waren, hatten sie einen genauen Überblick über die Bedarfe und Bedürfnisse. Ich habe mich also auf die Zusammenstellung der materiellen und humanitären Hilfe und deren Weiterleitung konzentriert. Und eine Plattform für Bedarf und Angebot auf die Beine gestellt. #WA-AU war geboren: »We Are All Ukrainians«, »Wir sind alle Ukrainer«.

Ich wurde nicht als Ukrainerin geboren. Ich bin es geworden. Und ich aktivierte das Partnernetzwerk, das wir mit Wladimir seit Jahren in Deutschland etabliert haben und pflegen, um die Aufmerksamkeit des deutschen Volkes und der deutschen Wirtschaft auf das tragische Schicksal der ukrainischen Zivilopfer zu lenken. Wir wussten nicht, dass es möglich ist, so viele Hilfsgüter zu transportieren. Deshalb haben wir es getan. So effektiv, dass uns einige Ministerien und NGOs gefragt haben, wie wir das machen. Das perfekte Gleichgewicht zwischen Bedarf und Angebot und ein großartiges Team, das durch einen präzisen Prozess unterstützt wird, sind nur ein Teil der Antwort. Die wahre Antwort liegt in der überwältigenden Solidarität, die die deutsche Bevölkerung gezeigt hat und immer noch zeigt, und in der Bereitschaft unserer Unternehmen, sich gesellschaftlich zu engagieren. Ein bisschen Trost in diesem Ozean der Tragödie.

Und inmitten dieses völlig entfesselten Ozeans liegt das Schicksal der Kinder. Das ist der Gegenstand dieses Buches. Der Krieg ist eine Tragödie. Er ist die Hölle auf Erden. Junge Soldaten und Soldatinnen sterben. Eine unhaltbare Verschwendung von Menschen. Von Kräften und Talenten, die in der Zukunft und insbesondere beim Wiederaufbau fehlen werden. Man könnte sagen, dass sie ihre Pflicht tun, um ihr Land zu verteidigen. Aber wenn Zivilisten explizit ins Visier genommen werden, ist das ein Verbrechen. Dass Frauen systematisch vergewaltigt werden, ist ein schreckliches Verbrechen. Dass Kinder vor den Augen ihrer Eltern vergewaltigt werden, ist ein unermessliches Verbrechen. Und dass Kinder ihren Eltern entrissen und nach Russland deportiert werden, ist ein unermessliches und unverzeihliches Verbrechen.

Es geht nicht darum, eine Abstufung dieser Verbrechen vorzunehmen, sondern darum, einfach zu sagen, dass Kinder besondere Opfer sind und daher auch die Tragödien, die sie erleiden, besondere sind. Ein Kind ist Unschuld pur. Ein Kind ist rein. Reine Hoffnung, reines Potenzial. Es ist eine Zukunft, die sich noch entwickeln muss. Und das ist es, was die russischen Invasoren zerstört haben, indem sie die Kinder angriffen. Gestohlene Zukünfte sind das Verbrechen, das begangen wurde.

Russland schämt sich nicht für diese grausamen Verbrechen. Wie wir gesehen haben, nutzt Russland diese

Deportationen, um seine Propagandamaschine zu füttern. Russland führt in der Ukraine keinen Krieg, sondern eine »Sonderoperation«. In diesem Sinne stiehlt Russland auch keine Kinder, sondern »rettet« sie.

Bei der Verkündung des Präsidialerlasses vom 30. Mai 2022 tritt eine Frau neben Wladimir Putin im Fernsehen auf. Marija Lwowa-Belowa, die russische Kinderrechtskommissarin (sic), erklärt, dass »die Kinder im Donbass sehr leiden« und dass die »Rettung« gut verläuft. Stolz weist sie darauf hin, dass sie einen 15-jährigen Jungen aus Mariupol »adoptiert« hat. Woraufhin Putin sagt, dass »Liebe wichtig ist«. Willkommen in Absurdistan. Und das Beste: Diese Frau plant, eine Plattform für … Matching zwischen Kindern und Eltern einzurichten. Mir wird übel. Kurz gesagt, sie plant eine Art #WAAU für Kindesentführungen: WAAK, »We are all kidnappers« …

Russland bekennt sich also öffentlich zu dieser Politik der Zwangsadoptionen. Das Ziel ist klar: Es handelt sich um eine umfassende Politik zur Zerstörung der ukrainischen Identität. Wer einer Gesellschaft die Kinder stiehlt, versucht, sie zu zerstören.

Aber von wie vielen Kindern sprechen wir hier? Es ist schwierig, darauf eine genaue Antwort zu geben. Das liegt vor allem daran, dass Russland diese Zahl auch als Propagandamittel eingesetzt hat. Zu Beginn des Konflikts sprachen die offiziellen russischen Agenturen von 500.000 Kindern. Russland bläht diese Zahl zweifellos auf, um seine Macht zu demonstrieren und zu erklären, dass diese Zahl ein Beweis für die Unterstützung seitens der Zivilbevölkerung sei, die damit das russische Mutterland anerkennen würde.

In der Ukraine nennt das Nationale Informationsbüro

die genaue Zahl von 19.592 Kindern, wobei es sich hier auch um vollständige Akten mit Namen, Alter und Aufenthaltsort handelt. Die Gesamtzahl der Entführungen liegt wahrscheinlich viel höher. Die Situationen sind vielfältig: Kinder aus zerbombten Städten, deren Eltern tot sind; Kinder, die in den von der russischen Armee eroberten Gebieten zwangsweise von ihren Eltern getrennt und nach Russland geschickt wurden; Kinder, die von ihren Eltern in Ferienlager gebracht wurden, um dem Krieg zu entfliehen, oder Kinder, die in Waisenhäusern untergebracht wurden.

Alles deutet darauf hin, dass Russland nicht die Absicht hat, diese Kinder zurückzugeben. Wie sich gezeigt hat, will es eine Identifizierung der Kinder in Zukunft nahezu unmöglich machen und hat sie auf mehr als 57 Regionen in Russland verteilt, manchmal Tausende Kilometer von der Ukraine entfernt.

Die internationale Gemeinschaft hat endlich das Ausmaß und die Schwere des Verbrechens erkannt. Am 17. März 2023 erließ der Internationale Strafgerichtshof Haftbefehl gegen Russlands Präsidenten Wladimir Putin sowie ... Marija Lwowa-Belowa. Ja, diese Frau, die im Staatsfernsehen erschien, um den abscheulichen Präsidialerlass vom 30. Mai 2022 zu verkünden, der moralisch eine Schande ist, aber auch ein klarer Beweis für die Politik, die der russische Staat aktiv betreibt, und der die Verantwortungskette deutlich macht. Ja, ein »Beweis«, denn die internationale Justiz muss und wird sich einmischen.

Vor etwas mehr als einem Jahr leitete der Internationale Strafgerichtshof eine Untersuchung ein, um die Verantwortung von Wladimir Putin als »Kriegsverbrecher« zu dokumentieren. Dabei ging es um die Bombardierung von

Zivilisten in städtischen Gebieten. Zwölf Monate später erließ das internationale Gericht – in Rekordzeit – tatsächlich einen Haftbefehl gegen den russischen Präsidenten, allerdings aus einem anderen Grund: »die illegale Abschiebung und Überstellung ukrainischer Kinder aus den besetzten Gebieten in die Russische Föderation«.

Jenseits der Zahlen, jenseits des langen Weges der internationalen Justiz, spielen sich menschliche Dramen ab. Wir haben versucht, in diesem Buch einige dieser Geschichten, einige dieser gebrochenen Schicksale, dieser gestohlenen Leben zusammenzutragen. Manchmal erzählt von den Eltern und Kindern, manchmal von den großartigen Menschen, Privatpersonen wie in Institutionen tätigen, die sich in diesem Kampf engagiert haben, um zu versuchen, die Kinder zurückzubringen. Es gibt Erzählungen, die gut ausgehen, bei denen man aber auch sieht, dass der Schaden bereits angerichtet ist. Es gibt Geschichten, die noch nicht zu Ende sind, wo die Hoffnung noch überlebt, dass die Kinder zu ihren Angehörigen, ihren Eltern und Großeltern zurückkehren werden.

Ein Schicksal hat mich persönlich berührt, und ich möchte dieser starken Frau dieses Vorwort widmen. Es ist die Geschichte von Oksana, einer Soldatin, und ihrer Tochter, die von ihrem Bruder nach Russland gebracht wurde, was Oksana über Monate nicht erfuhr. Sie hatte ihre Tochter monatelang nicht gesehen und lag schwer verletzt im Krankenhaus. Dieses Mädchen zurückzuholen, war eine besondere Herausforderung, da ihre Mutter als Soldatin sie nicht aus Russland abholen konnte.

Als wir informiert wurden, dass die Rückholung geglückt war und ich das Bild sah, das Gesicht des Mädchens halb verdeckt in der Umarmung der Mutter und eine einzelne Träne auf ihrer Wange, überkam mich eine Erleichterung, als wäre sie mein eigenes Kind. Das war der Moment, in dem das Bedürfnis in mir aufkam, dieses Buch zu schreiben, mit einigen Geschichten, die zeigen, wie durch Krieg und Kriegsführung die Zukunft so vieler Kinder und Menschen gestohlen wird, und wir doch immer wieder sehen, wie sehr es sich lohnt, zu kämpfen, weil es sich lohnt, alles zu geben, auch wenn es nicht das eigene Kind ist. Um Hoffnung zu geben in einer unüberschaubaren Situation. Um Zusammenhalt zu demonstrieren, um Haltung zu zeigen und Mut zu lernen. Denn das können wir – alle.

PS: Das Mädchen heißt Ewa und ist das Mädchen auf unserem Cover. Gern hätten wir sie als Geschichte mit in diesem Buch gehabt. Leider ist der Kontakt abgebrochen.

Die Gespräche mit den Menschen, die in diesem Buch zu Wort kommen, wurden von Sabine Oelmann geführt und zu Papier gebracht.

Um sie zu schützen, wurden die Namen und Fotos von Personen geändert beziehungsweise verfremdet, wie auch manche Ortsangaben.

Die Geschichten ihrer Erlebnisse wurden nach bestem Wissen und Gewissen aufgezeichnet und übersetzt – sollte es dabei zu Fehlern gekommen sein, bitten wir um Entschuldigung.

Serhii, 16 Jahre

Heimat: Die Familie kommt aus Cherson.

Aufenthalt in Camps: Oktober 2022 bis Mai 2023

Der Junge war unter anderem in den Camps »Druschba« und »Lutschystyj«, außerdem wurde er in ein »College« nach Henitschesk zum Studieren geschickt.

Serhiis Mutter hat eine körperliche Behinderung, die es ihr erschwerte, sich selbst um die Rückholung ihres Sohnes zu kümmern. Er wurde von Save Ukraine mittels einer Vollmacht aus dem Camp befreit.

Prophylaktische Gespräche

»Mein Name ist Serhii, ich bin 16 Jahre alt. Ich wurde in der wunderschönen Stadt Cherson geboren. Ich bin ein ganz normaler Junge, wie man so sagt. Zumindest war ich es vor dem Krieg. Ich spiele gern Fußball mit meinen Freunden, wir hängen normalerweise immer zusammen ab und ich habe keinerlei kriminelle Energie. Ich habe weder gestohlen noch betrogen, ich habe mich noch nie geprügelt und ich war auch nie gemein zu anderen Menschen. Meine Freunde und meine Familie würden mich wohl als recht friedfertig bezeichnen.

Im Augenblick gehe ich nicht zur Schule. Aber ich will die Schule beenden, denn das war mir aufgrund ›der Umstände‹ ja nicht möglich. Ich würde gern studieren oder etwas Vernünftiges lernen, aber daraus wird erst mal nichts. Jetzt möchte ich mich, wenn ich die Schule beendet habe, auf jeden Fall der ukrainischen Armee anschließen. Meine Eltern wissen von meinen Plänen noch nichts. Sie werden nicht begeistert sein, aber das Gefühl, etwas für mein Land tun zu müssen, ist mir gerade am wichtigsten und größer als alles andere.

Die Geschichte meiner Deportation fing damit an, dass man mir erzählte, ich würde für zwei Wochen in ein Sommercamp auf der Krim gebracht werden. ›Deportation‹ – wenn ich das schon höre. Ich dachte, dieses Wort sei ausgestorben, man benutzt es nicht mehr. Und vor allem hätte ich nie gedacht, dass es so was wie Deportationen überhaupt noch gibt. Und dann passiert es ausgerechnet mir. Tatsächlich war ich damit einverstanden, in ein Camp gebracht zu werden – ich dachte ja, wir fahren in ein Sommercamp. Ich habe mich sogar ein bisschen gefreut am Anfang, weil ich dort, also auf der Krim, schon lange nicht mehr war und ich mich auf die Abwechslung gefreut habe. Früher war ich öfter mit meiner Familie da, ich hatte nur schöne Erinnerungen an die Krim.

Der Direktor meiner Schule hat jedenfalls meine Mutter angerufen und ihr diesen Vorschlag gemacht. Sie war zuerst nicht damit einverstanden, aber er hat sie überzeugt. Ich und meine Mutter haben ihm natürlich vertraut, er war schließlich der Direktor meiner Schule. Dabei hat er mit den Russen zusammengearbeitet. Im Nachhinein stellte sich also heraus, dass der Typ, der mir jahrelang etwas beigebracht hat, ein Kollaborateur war. Was für eine Enttäuschung. Jemand hat mich neulich gefragt, ob ich nach dieser Erfahrung je wieder einem Lehrer oder einer anderen sogenannten Respektsperson vertrauen kann. Ich habe mittlerweile oft darüber nachgedacht, und nein, ich glaube nicht, dass ich je wieder jemandem vertrauen kann. Außer meiner Mama und ein paar Freunden.

Wir waren eine Gruppe von acht Jugendlichen, die auf die Krim gebracht werden sollten, alle aus meiner Schule, alle sportlich. Der Direktor hatte wirklich ganze Arbeit geleistet, wir vertrauten ihm, wie gesagt, denn uns war schließlich gesagt worden, es wäre sicherer für uns und besser, wenn wir die Stadt verlassen. Wir fuhren mit Autos zu einem Hafen am Dnipro, von dort brachten sie uns mit dem Schiff in eine Stadt auf der Krim. Dann fuhren wir weiter mit dem Bus in das sogenannte Sommercamp. Niemand sagte uns, wo genau wir hinfuhren. Irgendwann sahen wir die Ortsschilder von Jewpatorija. Bis dorthin durften wir unsere Handys behalten.

Zum Glück war ich zu diesem Zeitpunkt noch immer mit meinen Freunden zusammen, das hat uns allen ein bisschen mehr Sicherheit gegeben. Dort angekommen hatten wir tatsächlich das Gefühl, in einem Feriencamp zu sein. Es war schön. Wir blieben allerdings zwei Monate statt zwei Wochen. Dann wurden wir neu verteilt. Ich kam in ein Camp, das nicht allzu weit weg war von dem ersten, aber die Bedingungen änderten sich. Noch war ich nicht sonderlich besorgt, aber ich hatte grundsätzlich keine Lust auf den Wechsel und verstand auch nicht, warum ich jetzt woandershin gebracht wurde. Vor allem sagte mir niemand, wann ich wieder nach Hause kommen würde.

Im zweiten Camp veränderte sich die Situation dann auch massiv, es war schrecklich. Wir hatten überhaupt keine Freizeit mehr, durften uns nicht mal auf dem Gelände frei bewegen. Wir wurden dazu gezwungen, gleich nach dem Aufstehen die russische Nationalhymne – und andere russische Lieder – zu singen. Wenn wir nicht mitgesungen haben, wurden wir bestraft. Die Strafe bestand darin, dass man uns androhte, wir würden in einen Folterkeller gebracht. Da das niemand wollte, willigten wir irgendwann ein, ›Gespräche‹ mit ihnen zu führen. Sie nannten das ›prophylaktische Gespräche‹. Das heißt, das waren Gespräche, in denen uns ausgemalt wurde, was alles passieren würde, wenn wir nicht das machten, was sie von uns verlangten.

Darüber, was genau sie uns androhten, möchte ich nicht mehr sprechen. Da aber erst einmal nicht wirklich etwas passierte, haben wir, die anderen und ich, echt nicht mehr daran geglaubt, dass sie uns tatsächlich etwas antun würden, und wir fingen an, diese ›Gesprächsrunden‹ zu schwänzen. Wir waren inzwischen schon ziemlich zermürbt und verhielten uns ehrlich gesagt ziemlich gleichgültig. Wir waren fast schon apathisch nach all den ›Gesprächen‹.

Auf der anderen Seite bekam ich langsam das Gefühl, dass ich nie wieder nach Hause kommen würde. Ich vermisste meine Familie und ich hatte wirklich Angst, dass dies meine ›Endstation‹ sein könnte. Es gab auch immer wieder Gerüchte, dass wir in ein Waisenhaus gebracht oder an eine russische Familie vermittelt würden. Davor hatte ich wirklich Schiss. Ich überlegte auch, was meine Leute zu Hause wohl unternahmen, um mich aus dieser Situation zu befreien. Ich hatte manchmal schon Angst, dass sie mich vergessen haben. Es wurde uns schließlich tagtäglich eingeimpft, dass wir sowieso nicht vermisst würden und dass es uns in Russland besser gehen würde.

In der Zwischenzeit war meine Mutter aber gar nicht untätig: Sie versuchte natürlich, herauszufinden, wer ihr helfen könnte, mich zurückzuholen. Das war nicht einfach, weil auch sie ja nicht mehr wusste, wem sie wirklich vertrauen konnte. Letztendlich war es so, dass ein anderes Kind gerettet wurde und ich mir dann den Kontakt zu Save Ukraine besorgt habe. Ich habe die Daten an meine Mama weitergegeben, damit sie alles in die Wege leiten konnte. Erstaunlicherweise hatte ich mein Handy noch immer.

Mittlerweile war ich aber in einem dritten Camp gelandet, dort hat man mein Handy durchsucht. Nach ukrainischen Inhalten. Aber mir ist ansonsten nichts Ungewöhnliches aufgefallen. Abgeholt hat mich letztendlich eine andere Mutter, die wegen ihrer Tochter kam. Meine

Mutter ist nicht ganz gesund, deswegen hat sie der anderen Frau eine Vollmacht mitgegeben. Was sich einfacher anhört, als es ist. Ich war überglücklich bei dem Gedanken, endlich meine Mutter, meinen kleinen Bruder und meine Hunde wiederzusehen. Denn ganz oft war es nur der Gedanke an meine Familie, der mich gerettet hat, als ich im Camp war. Ich konnte an nichts anderes denken als daran, wann ich sie alle wiedersehe.

Was die Behandlung angeht: Das Essen und auch die Unterbringung im ersten Camp waren gut, dann wurde alles schlechter. In meiner zweiten Station wurde ich bedroht und erpresst, das Essen wurde weniger, wahrscheinlich, um uns zu zermürben, und im dritten Camp, wo wir uns bereits in besetztem Gebiet befanden, wurden wir vom Militär permanent bedroht. Das Essen war nicht nur wenig, sondern auch schlecht, die Betten waren eklig.

Ständig hat jemand auf uns eingeredet, dass wir unsere Heimat vergessen und die Seiten wechseln sollen. Uns wurde gesagt, dass sich niemand in der Ukraine für uns interessiert, in Russland aber schon, dort würden wir es viel besser haben, wenn wir machen, was man uns sagt. Sie haben halt versucht, uns zu Russen zu machen, und wir bekamen russische Pässe. Gedroht wurde uns wie gesagt damit, dass wir zur Adoption freigegeben würden. Ein Gedanke, der allen im Camp Angst einjagte.

Ich habe keine Ahnung, was passiert wäre, wenn ich nicht abgeholt worden wäre. Ich bin echt happy, dass ich wieder zu Hause bin, in meiner freien Heimat, in der ich denken und sagen kann, was ich will, aber ich werde eine Weile brauchen, ehe ich wieder ein normales Leben führen kann, das weiß ich. Jetzt will ich erst einmal meine Ruhe haben.

Ich liebe mein Land, und ich werde alles dafür tun, dass
es wieder ein freies Land sein wird!«

Serhii ist schüchtern, aber er redet sehr klar. Er weiß
genau, was er will. Er wird seinen Weg gehen, denn er ist
stark. Er hat sich nicht verbiegen lassen, obwohl er sehr
sensibel wirkt. Hoffentlich ist er so offen, dass er sich Hilfe
holt, wenn er sie braucht.

Maria, 18, und Artem,
11 Jahre, Halbgeschwister

Heimat: Die Kinder kommen aus Woltschansk, einer kleinen Stadt in der Region Charkiw. Woltschansk war von Anbeginn des Krieges besetzt und wurde im September 2022 befreit.

Aufenthalt in Camps: August 2022 bis Mai 2023

Der Junge war in einem Lager namens »Medvezhonok« (dieser Name bedeutet »Bärenjunges« – welch böse Ironie!) in Krasnodar, Südrussland, das Mädchen in Schebekino in der russischen Region Belgorod. Der Junge wurde von seiner Pflegemutter »für die Ferien« in das Camp geschickt, der Schwester wurde »nahegelegt«, die Schule in Schebekino zu besuchen. Nach der Befreiung von Woltschansk wollte die Pflegemutter, die eindeutig pro-russisch war, die Geschwister nicht zurücknehmen. Man ließ Maria wissen, dass es besser wäre, wenn sie da blieben, wo sie waren. Und wenn ihr Bruder von Russen adoptiert werden würde, wäre das am allerbesten für ihn. Irgendwann schaffte der Kleine es, seine Schwester zu kontaktieren und ihr zu sagen, wo er sich aufhielt.

Das Mädchen und der Junge haben eine gemeinsame Mutter, aber zwei Väter, sie kamen in eine Pflegefamilie, da der Mutter das Sorgerecht entzogen wurde. Die Kinder waren nicht zusammen im Camp, die große Schwester hat die Freilassung ihres jüngeren Bruders organisiert.

Da sie inzwischen volljährig ist, bemüht sie sich um die Vormundschaft für den Elfjährigen.

Eine junge Heldin rettet ihren kleinen Bruder

»Mein Name ist Maria, ich bin vor Kurzem 18 geworden und endlich erwachsen. So richtig erwachsen verhalten musste ich mich aber bereits, als ich offiziell noch ein Kind war. Das ganze letzte Jahr, um genau zu sein. Ich wünschte, ich hätte da schon das Sorgerecht für meinen kleinen Bruder gehabt.

Aufgewachsen sind wir in Charkiw. Unsere Kindheit war kompliziert: Unserer Mutter wurde vor zwei Jahren das Sorgerecht für meinen Bruder und für mich entzogen. Wir sind Halbgeschwister, wir haben nicht denselben Vater. Vor allem hat keiner von uns beiden einen Vater, der sich für uns interessiert und diesen Namen verdient. Wir kamen in eine Pflegefamilie in der Umgebung von Charkiw, zum Glück zusammen. Es war trotzdem furchtbar. Ich weiß inzwischen zu gut, dass es immer noch schlimmer geht. Eine Frau ›kümmerte‹ sich um uns und weitere Kinder, aber mehr schlecht als recht. Ich gehe davon aus, dass diese Frau es des Geldes wegen tat und deswegen auch sechs andere nicht eigene Kinder unter ihrem Dach hatte. Wie sich herausstellen sollte, hatte unsere Pflegemutter sowieso ganz andere Pläne für uns.

Ich bin fertig mit der Schule, mein kleiner Bruder geht in die 7. Klasse. Theoretisch. Da das Gebiet, in dem wir zu dem Zeitpunkt lebten, besetzt war, hielten wir alle uns – die sechs anderen Kinder, die Pflegemutter und deren Mutter – überwiegend im Keller auf. In einem Keller zu leben, heißt, dass man eigentlich nicht existiert, dass man sich versteckt, dass es schwer ist, an Lebensmittel zu gelangen oder an medizinische und jegliche andere Form von Hilfe, wenn sie benötigt wird. Und wenn, dann war diese ›Hilfe‹ die der russischen Besatzer. Insgesamt also eine sehr schwierige Situation.

Letztes Jahr drängte meine Pflegemutter mich dazu, eine Schule in Russland zu besuchen, ich sollte dort Friseurin lernen, das wäre doch sicher schön für mich, meinte sie. Ich aber wollte nie Friseurin werden, sondern bei meinem Bruder bleiben. Daraus wurde nichts, ich musste diese Schule in Russland besuchen und meinen Bruder zurücklassen. Er wurde in meiner Abwesenheit dann zusammen mit anderen Nachbarskindern, die in ähnlichen Situationen lebten wie wir, vom Militär in ein Camp auf russischem Territorium gebracht.

Unsere familiäre Ausgangssituation war von Anfang an schwierig, aber sie wurde immer noch komplizierter. Da mein Bruder und ich uns, wenn auch getrennt, auf russischem Gebiet befanden, hatte ich keine legale Möglichkeit, mich um ihn zu kümmern. Auch wenn ich in der Zwischenzeit volljährig war. Meinen 18. Geburtstag hatte ich mir früher definitiv anders vorgestellt. Es gelang mir aber, mich an die Ämter in der Ukraine zu wenden, um mich um die Vormundschaft für meinen Bruder zu bemühen. Ich konnte zum Glück irgendwann – nach einer gefühlten Ewigkeit – herausfinden, wo er war, denn wir hatten beide noch unsere Handys.

Ich weiß, dass meine Geschichte wie ein böses Märchen

klingt: Ein Mädchen, das bei einer Pflegemutter lebt, und das feststellen muss, dass dieser Pflegemutter mehr daran gelegen war, mit den Russen zusammenzuarbeiten, als sich um die ihr anvertrauten Kinder zu kümmern. Ich hoffe noch immer auf ein Happy End! Immerhin habe ich ein vorläufiges Happy End: Mein Bruder und ich sind dank Save Ukraine jetzt wieder zusammen.

Ich wollte meinen kleinen Bruder auf keinen Fall jemals verlassen, wurde aber gezwungen, auf diese Schule im russischen Territorium zu gehen. Die ganze Zeit habe ich versucht, meinen Bruder zu mir zu holen, koste es, was es wolle, aber ich wurde daran gehindert. Es gab Zeiten, da konnte ich überhaupt keinen Kontakt zu ihm herstellen. Das war furchtbar, weil ich mir immer vorgestellt habe, wie er sich fühlen musste, so klein und so verlassen. Auf die Unterstützung meiner Familie konnte ich noch nie bauen, ich war komplett auf mich selbst gestellt in meinem Kampf, Artem zurückzuholen.

Wir sind beide sehr schüchtern, und ich weiß, dass ich ihm wieder mehr Freiraum geben muss, wenn er älter wird – ich kann ja nicht sein ganzes Leben lang für ihn sprechen. Aber er ist noch verschreckt, auch wenn wir jetzt wieder zusammen sind. Ich denke, dass er keine Gewalt erfahren hat – zumindest nicht körperlicher Art. Psychischen Druck auszuüben auf Kinder, die in solchen Camps sind, ist aber an der Tagesordnung. Artem wurde erzählt, dass es schöner und sicherer sei für ihn, in Russland zu bleiben, und dass man alles dafür tun werde, sein Leben zu verbessern. Indem man zum Beispiel eine andere Familie für ihn fände, bei der es ihm besser gehen würde als je zuvor. Das war meine größte Angst: dass mein Bruder für immer weg sein könnte, einen anderen Namen bekommt, dass er einer Gehirnwäsche unterzogen wird und mich vergisst. Dieser Druck ist so besonders perfide, wenn man bedenkt, aus welcher Situation wir kommen. Vielleicht wäre es ihnen irgendwann gelungen, ihn ›umzudrehen‹. Was hatte er schon zu verlieren? Eine nicht existierende Familie und eine Schwester, die sich nicht um ihn kümmern konnte.

Ich litt fürchterlich unter der Vorstellung, meinen Bruder nie wiederzusehen. Ich machte mir Vorwürfe, weil es mir nicht gelang, das ›Problem‹ allein zu lösen. Für Artem war die Situation eher ein Abenteuer, denke ich, er fühlte sich recht sicher und war immerhin zusammen mit anderen Kindern, die in exakt derselben Situation steckten wie er. Ich dagegen war völlig allein, ich kannte niemanden in Russland, und wem hätte ich vertrauen sollen? Der Gedanke, meinen Bruder nicht aus seiner Situation befreien zu können, ihn an eine Adoptivfamilie in Russland zu verlieren, fraß mich auf.

Ständig musste ich mich außerdem selbst fragen, wie ich diese Situation überleben und mich daraus befreien sollte. Die Vorstellung, dass mein elfjähriger Bruder in einem Camp mit 600 Kindern lebte, war hart. Ich frage mich noch jetzt ständig, was mit den Kindern passiert, die nicht zurückkommen. Für mich am wichtigsten aber war: Würde ich Artem je wiedersehen? Ich bin seine einzige Familie. Wenn ich darüber spreche, muss ich mich echt zusammenreißen, nicht jedes Mal zu weinen.

Jemand sagte kürzlich zu mir, ich sei eine Heldin, dabei habe ich einfach nur niemals aufgegeben. Ich konnte gar nicht anders handeln, als meinen Bruder zu finden. Und ihn abzuholen. Ich bin stark, ich habe mich gegen unsere Pflegemutter durchgesetzt. Mithilfe der Behörden in

Charkiw und von Save Ukraine ist es mir gelungen, Artem schließlich zu befreien. Wir haben die Dokumente zusammenbekommen, die ich brauchte, um ihn in Russland abzuholen. Das dauerte unglaublich lange, quälende Monate, doch eines Tages konnte ich endlich los. Es war ein unbeschreibliches Gefühl, meinen kleinen Bruder endlich wieder umarmen zu können!

Bald werde ich hoffentlich die Vormundschaft für ihn bekommen und dann werde ich uns ein möglichst normales Leben aufbauen: eine Wohnung finden, lernen, arbeiten. Einfach leben! Ihn großziehen und ihm helfen, diese schreckliche Zeit in seinem Leben zu vergessen. Ich werde das alles ganz sicher nie vergessen. Und ich werde alles dafür tun, meinem Bruder und mir einen Weg in die Zukunft zu ebnen. Nie wieder wird mir jemand Artem wegnehmen. Ich gucke nur nach vorne. Denn alles was jetzt kommt, ist besser als das, was war.«

Maria ist die absolute Heldin: ein Mädchen, so stark, nicht nur für sich, sondern auch für ihren kleinen Bruder. Nur ihretwegen ist der Junge nicht mehr in einem Lager, und nur ihretwegen wird er wahrscheinlich in der Lage sein, ein recht normales Leben zu führen. Mit Unterstützung seiner großen Schwester, die ihm stets als Beraterin und Freundin zur Seite stehen wird. Für Maria wünschen wir uns, dass sie auch mal an sich denkt!

Viktor, 15 Jahre

Heimat: Die Familie kommt aus Cherson.

Aufenthalt in Camps: November 2022 bis Mai 2023

Der Junge war an einer ukrainischen Marine-Akademie, bevor er unter anderem in die Camps »Druschba«, »Lutschystyj« und dann auf eine »Akademie« in der besetzten Region von Lasurne geschickt wurde.

Die Mutter des Jugendlichen ist bei dem Gespräch dabei, sie hat ihn mit Unterstützung von Save Ukraine nach Hause geholt. Beide halten sich während des Interviews in einem Hope & Healing Center auf; diese Einrichtungen wurden in enger Zusammenarbeit mit und Unterstützung von #waau aufgebaut. Kyiv ist zu diesem Zeitpunkt heftigen russischen Angriffen ausgesetzt. Viktor hat sich mit Händen und Füßen gegen das Brainwashing in den Camps gewehrt, dafür musste er tagelange Isolation erdulden. Im ersten Camp konnte er seine Mutter monatelang nicht erreichen, um ihr zu sagen, wo er war. Als er in seiner zweiten Station endlich mit ihr telefonieren konnte, hörte er, dass in Cherson Bomben fielen.

Bombenalarm

Meine Kontaktperson von Save Ukraine sitzt in einem Café in Kyiv. Wir haben uns zu einem Videocall verabredet, gleich wird sie den 15-jährigen Viktor und seine Mutter dazuschalten. Viktor hat sich bereit erklärt, mir von seinen Erlebnissen im »Camp« erzählen. Seine Mutter wirkt nervös, möchte aber Ruhe ausstrahlen. Das ist verständlich in der Situation, in der sich die Familie befindet: Der Junge ist erst seit ein paar Tagen wieder in der Ukraine, und dass dem so ist, gleicht einem Wunder. Wie die Wunder, die alle anderen Familien erleben, die ihre Kinder zurückbekommen.

Viktor sieht gut aus: sehr kurze Haare, sportlich, ein Lächeln, das Mädchen in seinem Alter nervös machen dürfte. Er wirkt selbstsicher, doch das dürfte zum Programm eines Teenagers, der sich nicht anmerken lassen will, was er gerade durchgemacht hat, dazugehören.

Wie nervös er in diesem Moment wirklich ist, bemerke ich, als ich unser Gespräch mit Kopfhörern abhöre: eine Art Trommelgeräusch. Seine Finger, die auf den Tisch klopfen? Ein Tick vielleicht? Ja, das machen auch andere Jugendliche, aber das hier ist ein anderes Klopfen als das, was ich von meinen Teenagern kenne. Kein Wunder, in Kyiv herrscht Fliegeralarm, da wäre jeder nervös.

Auch meine Kontaktperson ist nervöser als sonst. Wenn

ich ehrlich bin – meine Kontaktperson ist sonst nie nervös. Souverän und effizient, sachlich und konzentriert ist sie jedes Mal, wenn wir telefonieren. Heute sagt sie, dass es Alarm gibt über Kyiv, Raketenangriffe. »Aber unsere Abwehr ist stark«, betont sie. Ich sage, sie soll sich in Sicherheit bringen und das Café verlassen. »Noch nicht«, lacht sie mich im Videocall an, »alles noch im grünen Bereich, Sabine!«

Ich bin nervös, kann mich nicht richtig konzentrieren auf das Gespräch, Viktor und seine Mutter erzählen abwechselnd. Im Hope & Healing Center von Save Ukraine erholt sich der Junge von den Strapazen. Und auch die Mama wird umsorgt, sie hat eine »Reise« hinter sich, die diesen Namen nicht verdient.

Die Kinder werden oft zu Hunderten aus Schulen abgeholt, auf Busse, Züge oder Schiffe verteilt, es muss einem Exodus gleichen. In Viktors Fall war es so, dass er auf eine Schule ging, die bereits russisch unterwandert war – was erklärt, warum die Kinder so einfach von dort weggebracht werden können. »Wir hatten nicht einmal die Möglichkeit, unseren Eltern Bescheid zu sagen, uns wurden sofort die Handys abgenommen«, erzählt er dennoch erstaunlich ruhig.

Es war der 8. Oktober 2022. »Ein paar Männer in Militäruniformen kamen in die Schule und forderten uns auf, ihnen sofort zu folgen. Wir haben natürlich Nein gesagt und gefragt, wohin wir gebracht würden. Keine Antwort. Sie haben unmissverständlich klargemacht, dass es keine Diskussionen gibt, sie waren schließlich vom Militär.« Viktor zögert kurz. »Die Lehrer redeten uns gut zu. Wir glaubten ihnen. Wir wurden dann an andere ›Betreuer‹ übergeben, die uns bis auf die Krim begleiteten.«

Viktor wurde, wie so viele Kinder, ins »Druschba«-Camp gebracht.

Das Wort *Druschba* – »Freundschaft« – wirkt, je mehr Erzählungen von Kindern wir hören, wie der ultimative Hohn: Einen ganzen Monat lang wusste Viktors Mutter überhaupt nicht, wo ihr Sohn war. Einen Monat lang konnte der Junge seiner Familie nicht sagen, wie es ihm ging. Er konnte sich denken, dass seine Mutter verrückt würde, wenn sie nicht bald erführe, wo ihr Sohn war. Und es ist eine besonders perfide Art der mentalen Folter, eine Zersetzung, wenn den Kindern morgens die russische Nationalhymne vorgespielt und ihnen gleichzeitig eingeredet wird, dass sich in ihrer Heimat sowieso niemand mehr für sie interessieren und kein Hahn nach ihnen krähen würde. »In Russland ist es viel besser, eine goldene Zukunft erwartet euch junge Menschen hier, die Ukraine wird sowieso untergehen«, wispert es durch die Gänge des »Camps«.

Viktor war zwei Wochen in »Druschba« und zwei Wochen in einem weiteren Camp. In dem ersten Camp – das erzählen alle Kinder, mit denen wir gesprochen haben – war alles noch einigermaßen okay, tatsächlich hätten sie glauben können, in den Ferien zu sein. Einige Eltern haben uns inzwischen wissen lassen, dass bereits vor dem Krieg einzelne Kinder immer wieder mal in Camps geschickt wurden, zur Erholung, und dann tatsächlich nach zwei Wochen zurückgebracht wurden. Warum also sollte es dieses Mal anders sein?

Das Essen sei anfangs ganz passabel gewesen, sagt Viktor, ein paar Freizeitaktivitäten und ein paar Unterrichtsstunden zur Ablenkung, ein bisschen Sport. Alles gut, eine Pause vom Krieg. Nur über die Betten gibt es nichts Gutes zu berichten – doch das ist nichts im Vergleich zu dem, was noch auf die Kinder zukommen sollte. Auch Viktor wurde in ein weiteres Camp gebracht, die Bedingungen verschlechterten sich, es wurde mehr gebrüllt, mehr gedroht, mehr bestraft. Rein örtlich war er nicht weiter weg von zu Hause als vorher, aber die Lage spitzte sich zu. Wenigstens gelang es ihm irgendwann, seiner Mutter Bescheid zu geben, dass er überhaupt noch am Leben war. Nach »Camp« Nummer zwei wurde Viktor allerdings in eine »Akademie« gebracht.

Der Blick meiner Kontaktperson, ich nenne sie fortan K., wandert während unseres Videocalls immer wieder zum Himmel. »Geh«, sage ich, »mach, dass du in einen Keller oder in eine U-Bahn-Station kommst!« K. lächelt und bleibt sitzen. Ich habe nichts anderes erwartet, ich bin nervöser als sie. Ich komme mir vor wie ein Weichei. Ich schaue mich in meiner Wohnung um und muss wieder daran denken, was ich an Tag eins dieses unsäglichen, grausamen, für mich trotz aller Warnsignale überraschenden Krieges gedacht habe: »Was würde ich mitnehmen, wenn ich flüchten müsste?«

In meiner Familie, in der die Großeltern und Eltern auf unterschiedliche Art den Zweiten Weltkrieg er- und überlebt haben, sagten wir manchmal, wenn es unerwartet klopfte: »Der Russe steht vor der Tür«. Die Einzige, die nicht lachte, war meine Großmutter väterlicherseits, wir anderen waren uns so verdammt sicher, dass »der Russe« nie wieder vor einer Tür stehen würde, vor der er nichts zu suchen hatte. Welch ein Irrtum!

Viktor erzählt, wie er sich dagegen gewehrt hat, morgens die russische Nationalhymne mitzusingen. Die anderen Kids bewunderten ihn dafür, dass er so deutlich »Nein« sagte, aber es wurde zu einem Riesenproblem. Dennoch sang er sie ums Verrecken nicht mit. Und fuhr fort, seine Streiche zu spielen. Dafür wurde er zur Strafe letztendlich ein paar Tage in eine Einzelzelle im Keller gesperrt,»in an isolated room in the basement«, wie K. es mir übersetzt. Aber auch das konnte seinen Willen, die Hymne des Feindes nicht zu singen, nicht brechen.

Ich lasse mir die Worte»Einzelzelle«,»Isolation«,»Willen brechen« durch den Kopf gehen. Und schaudere. Ein Kind! 15 Jahre, mitten in der Entwicklung, im Wachstum von Körper und Geist. Barbarisch!»Ein paar Tage.« Ein paar Tage im Leben eines Kindes, allein in einer Zelle, nur mit Unterwäsche bekleidet, wie Viktor noch ergänzt, ein paar Tage, die dieses Kind nie wieder aus seiner DNA wird löschen können.»Dass ich nicht mitgesungen habe, war irgendwann eigentlich gar nicht mal mehr das größte Problem«, sagt Viktor. Doch dass er zu denen gehörte, die sich auf Teufel komm raus nicht beugen lassen wollten, das machte die Aufseher nervös und ärgerlich.

Und irgendwann bekommt es auch einer wie Viktor mal mit der Angst zu tun: Er fragt sich, ob er je wieder aus dieser Zelle, aus dem Camp, herauskommen wird. Ob er seine Familie, seine Freunde wiedersehen wird. Oder ob er nun zu einem Soldaten abgerichtet werden soll, der in naher Zukunft auf seine eigenen Landsleute schießen muss.

Irgendwann, als er nicht mehr in der»Einzelzelle« eingesperrt war – wie viele Tage es am Ende waren, kann er nicht genau sagen, er verlor das Gefühl für die Zeit –, gelang es Viktor, sich ein Handy zu besorgen. Doch sein erster Gedanke, nachdem er sich über das Telefon gefreut hatte, war, dass es zu gefährlich für seine Freunde sein könnte, mit ihm zu telefonieren. Also telefonierte er nicht. Wohl wissend, dass seine Wärter genau das erreichen wollten. Über Umwege konnte er jedoch Nachrichten an seine Mutter schicken, damit sie erfuhr, wo er sich inzwischen aufhielt. In seiner Zelle waren ein Bett, ein Tisch, ein Stift und ein Notizblock. Seine Zelle hatte ein schmales Fenster, durch das er mit seinen Freunden kommunizieren konnte. Man kann sich vorstellen, dass ein junger Mann wie Viktor nicht klein beigeben will, sich nicht unterwerfen will. »Was war das Schlimmste?«, frage ich ihn. »Dass mir gedroht wurde, mich in eine Zwangsjacke zu stecken, wenn ich nicht kooperiere. Außerdem sagten sie, sie würden mir Psychopharmaka geben, wenn ich nicht ruhig bin.«

Der Blick meiner Kontaktperson, die mich mit Viktor zusammengebracht hat, schweift hoch in den Himmel. Mit ihrem Laptop in der Hand geht sie vor die Tür des Cafés. Im Hintergrund aller meiner Gesprächspartner wird es unruhig. Ich muss kein Wort Ukrainisch verstehen, um zu begreifen, dass K. sich jetzt in Sicherheit bringen muss, und auch Viktor und seine Mutter stehen auf. »Ich muss in die U-Bahn oder in einen Keller«, sagt K. mit ruhiger Stimme. »Es sind Raketen am Himmel.«

An diesem Tag wurde Kyiv wie die ukrainische Luftwaffe mitteilte, von sechs Kinschal-Hyperschallraketen, sechs Marschflugkörpern und zwei Drohnen angegriffen. Den Behörden in Kyiv zufolge gab es Verletzte, aber keine Toten oder andere größere Schäden, bestätigte Bürgermeister Vitali Klitschko, der zuvor schon über Explosionen im Stadtteil Podil berichtet hatte.

Eine afrikanische Delegation, darunter die Präsidenten von Südafrika und des Senegal, Cyril Ramaphosa und Macky Sall, musste in einem Luftschutzkeller Zuflucht suchen. Die Reise verlaufe gut und planmäßig, twitterte das südafrikanische Präsidialamt fast trotzig, nachdem der

Luftalarm aufgehoben worden war. Die Delegation war in Kyiv, um Wolodymyr Selensky zu treffen. Am nächsten Tag wollte die Abordnung nach Moskau reisen, um sich dort zu Verhandlungen mit Wladimir Putin zu treffen. Die friedlichen Absichten lösten sich bekanntermaßen in Nichts auf.

Ein paar Stunden später erfahre ich von K., dass sie den Angriff überstanden hat. Genau wie Viktor und seine Mutter. Ich weine vor Erleichterung.

Bei dieser Geschichte hatten wir permanent Gänsehaut. Dass die Sirenen zu hören waren, dass sie »Luftangriff« bedeuten, wie cool unsere Kontaktperson reagiert hat und wie alltäglich das Grauen in der ukrainischen Hauptstadt ist – das alles wird in dieser Geschichte mehr als deutlich. Wir ziehen unseren Hut vor euch! Vor allem vor Viktor, der sich nicht hat verbiegen lassen.

Myroslava Kharchenko, Juristin

Myroslava, die selbst eine Familie hat, kümmert sich für Save Ukraine um die juristisch einwandfreie Abhandlung aller »Fälle«.

Die Anwältin der Kinder

Wir haben mit Kindern gesprochen, mit Eltern, mit Groß-
müttern und Patentanten, jetzt wollen wir die Arbeit derjenigen kennenlernen, die dafür sorgen, dass einige Kinder
es schaffen, nach Hause zu kommen.

Myroslava, bitte erzählen Sie uns von Ihren Aufgaben.
Ich sitze eigentlich den ganzen Tag am Telefon und vor
dem Rechner. Ich bin ständig mit meinen Kollegen in Kontakt und versuche, möglichst viel Klarheit in die einzelnen
Angelegenheiten zu bringen. Mein Ziel ist es, mein Bestes
zu geben, denn es geht um das Beste, was wir haben: die
Kinder.

Sprechen Sie auch mit den Eltern der Kinder?
Oh ja, das ist sehr wichtig und sehr emotional. Sie haben
sehr harte Zeiten hinter sich, oft haben sie wochenlang
keinen Kontakt zu ihren Kindern gehabt. Und ich spreche
auch mit den Kindern, wenn das möglich ist. Ich versuche
auf der einen Seite, alle zu beruhigen, und auf der anderen
Seite versuche ich vor allem, so viel Klarheit wie möglich
in alles reinzubekommen. Mein Telefon klingelt eigentlich
den ganzen Tag, denn jeder will einen Rat. Viele fragen
mich auch nur: »Was würdest du an meiner Stelle tun?«,

doch diese Frage ist am schwersten zu beantworten, denn jede Antwort von mir zählt und darf auf keinen Fall leichtfertig sein.

Denn es geht um Leben und Tod, um Gefängnis oder Freiheit.
Ja, wenn eine Mutter an einem Checkpoint drei Tage lang verhört wird, dann kann sie auch mal zusammenbrechen. Wenn die Familien sich auf den Weg machen, um ihr Kind zurückzuholen, dann ist das eine Reise, die sie unter Umständen mit dem Leben bezahlen müssen. Sie sind oft zu Fuß unterwegs, man weiß nie genau, auf wen man trifft, auf dem Land und in den Feldern muss man sich vor Blindgängern in Acht nehmen und so weiter. Die Situation ändert sich ja auch ständig. Und ganz plötzlich muss eine neue Entscheidung getroffen werden. Ich wäge für beide Seiten ab, was das Beste ist, für die Familien und die Kinder, aber auch für Save Ukraine.

Das klingt extrem stressig und verantwortungsvoll …
Ja, aber das bringt der Beruf einer Juristin mit sich *(lacht)*. Das sollte eigentlich immer der Fall sein, auch wenn kein Krieg herrscht.

Kümmern Sie sich auch um die Dokumente, die man braucht, um sein Kind aus einem Camp herauszuholen?
Ich bin diejenige, die versucht, alles möglichst schnell über die Bühne zu bringen, ich bin der »Speed« in dem ganzen Prozess. Die Papiere kommen von den Ämtern, und ich versuche, alles zur richtigen Zeit an den richtigen Ort zu bekommen. Wir haben eine gewisse Standard-Liste, nach der wir bei Save Ukraine vorgehen, aber Sie können sich

vorstellen, dass hier kaum etwas nach Standards funktioniert. Ich habe lange genug als Juristin in Ämtern gearbeitet, ich kenne »den Laden« in- und auswendig. Und wie Ämter arbeiten, das wissen Sie in Deutschland wahrscheinlich nur zu gut: ständig unterbesetzt, ständig im Ausnahmezustand *(lacht)*. Ich versuche einfach, alle Lücken zu schließen, alle Papiere, die fehlen, zu beschaffen, damit der Vorgang möglichst reibungslos ablaufen kann. Ich denke, durch meine Kontakte ist es wirklich möglich, die Prozesse etwas zu beschleunigen, denn ich trete niemandem auf die Füße, mahne aber sanft an.

Bevor Sie anfingen, für Save Ukraine zu arbeiten, wo waren Sie da tätig?
Seit 2009 arbeite ich als Anwältin, ich hatte von Beginn an mit Angelegenheiten von Kindern und Jugendlichen zu tun. Das war noch in den bereits erwähnten Ämtern und in einem »Youth Service«. Der Chef dort war Mykola Kuleba, der Gründer von Save Ukraine. So haben wir uns kennengelernt. 2012 habe ich dann angefangen, im Büro des Präsidenten zu arbeiten, ich habe Mykola assistiert. Er war von 2014 bis 2021 in der Regierung der Ombudsmann für Kinderrechte. Er gab seinen Job 2021 auf, um Save Ukraine zu gründen, was seine ganze Aufmerksamkeit und Zeit in Anspruch nahm. Ich bin ihm dann auch dahin gefolgt.

Was sind die größten Hindernisse in Ihrem Job? Welche Mauern sind am schwersten einzureißen?
Das Schwerste ist, eine endgültige Entscheidung zu treffen. Wenn meine Kollegen mich anrufen, dann wollen sie einen guten, soliden Rat. Sie vertrauen mir. Ich spreche mich oft

auch mit Mykola ab, aber meist muss ich die Entscheidung selbst treffen. Ich muss alle Risiken und alle möglichen Konsequenzen abwägen.

Zum Beispiel?
Zum Beispiel, ob es gut ist, eine Grenze jetzt sofort, in zwei Stunden oder in zwei Tagen zu überschreiten. Oder es zu lassen, ganz oder nur vorerst. Es ist manchmal bloß ein Schritt, der aber fatale Folgen haben kann, dessen bin ich mir bewusst. Ich handele nicht für mich, ich handele für andere, sie vertrauen mir. Wenn ich den Menschen rate, zu einem bestimmten Zeitpunkt einen Checkpoint oder eine Grenze zu passieren und es der falsche Zeitpunkt ist, kann es sein, dass sie tagelang verhört werden, wenn sie aufgegriffen werden. Gerade eben noch habe ich mit einer Mutter gesprochen, mit der zusammen ich eine Entscheidung getroffen habe. Es ging darum, ob es besser ist, noch eine Weile in Belarus zu bleiben oder die Grenze nach Russland sofort zu überschreiten. Hin und wieder ziehe ich Ombudsmänner und -frauen mit ins Vertrauen, weil sie vielleicht andere Updates haben als ich. Es ist manchmal eine Sache von Minuten.

Es muss hart sein, diese Entscheidungen zu treffen, und es ist bewundernswert, wie Sie das dennoch täglich tun.
Vielen Dank, aber das ist wie gesagt mein Job, ich habe ihn mir ausgesucht und bin einfach nur froh über jedes gerettete Kind.

Sie sind aber nicht nur Juristin, sondern auch Freundin, Tante, Schwester, Tochter und Mutter. Wie halten Sie das aus, diese verantwortungsvolle Position in einem Krieg

56

innezuhaben und trotzdem ein Mensch mit Hoffnung zu bleiben? Als Sie Jura studierten, haben Sie doch bestimmt nicht im Traum daran gedacht, einmal diese Aufgabe, die Sie jetzt meistern, erfüllen zu müssen ...

Ehrlich gesagt hilft mir meine Arbeit, diesen Wahnsinn bis zu einem gewissen Grad auszuhalten. Die Geschichten, die ich höre, sind grausam, so etwas habe ich vorher noch nie gehört, erlebt oder davon gewusst. Mir ist klar, dass ich mich noch immer in einer privilegierten Situation befinde, denn ich musste noch nie etwas so Schlimmes erleben oder aushalten, wie es diese Familien, deren Kinder deportiert werden, aushalten müssen. Das ist der schlimmste Albtraum, der einem widerfahren kann. Sowohl dem Kind als auch den Eltern. Ich werde von den grausamen Gedanken jedoch durch den Fokus auf meine Arbeit abgelenkt. Jeden Tag retten wir Menschen oder helfen ihnen wenigstens, mit sehr schlimmen Situationen umzugehen. Mir geht es wirklich gut, meine Eltern leben, und meine Schwester und meine Tochter befinden sich in relativ sicheren Umständen.

Sie und alle Mitarbeiter von Save Ukraine retten täglich Kinder – die Diskrepanz zu denen, die fehlen, ist dennoch riesig. Von wie vielen deportierten Kindern und Jugendlichen sprechen wir?
Es gibt ein offizielles Portal, es heißt »Children of War« (»Kinder des Krieges«), und dort variieren die Zahlen. In einigen Statistiken ist die Rede von 19.600 Kindern. Auf demselben Portal gibt es aber eine Rubrik, wo das National Information Bureau seine eigene Statistik veröffentlicht. Und sie sprechen von 700.000 Kindern. *(Zum Zeitpunkt des Interviews wird dort die Zahl von 744.000 Kindern*

genannt.) Diese Informationen stammen aus sogenannten offenen Quellen, das heißt, alle Statements aus Russland und sämtlichen Medien werden analysiert.

Das heißt, es sind russische Zahlen ...
Ja, dort ist man stolz auf jedes Kind, das man den Ukrainern wegnimmt. Und deswegen wird es an die große Glocke gehängt. Das heißt, dass diese Zahlen nicht stimmen und die Wahrheit irgendwo zwischen 19.000 und 700.000 deportierten Kindern liegt.

Eine Riesendiskrepanz, und jedes einzelne Kind davon ist eines zu viel ...
Ich glaube, dass die Zahl der deportierten Kinder so oder so im Moment zunimmt. Ich will Ihnen auch sagen, warum: Im Moment befreit die Ukraine einige Gebiete. Und überall, wo die ukrainische Armee hinkommt, haben wir es mit neuen Fakten zu tun. Das heißt im Klartext, dass wir dort Geschichten zum ersten Mal hören. Eltern können überhaupt erst im Moment ihrer Befreiung darüber sprechen, dass ihr Kind weg ist, es gab vorher schlichtweg keine Möglichkeit. Sie haben erst dann die Möglichkeit, ihr vermisstes Kind bei den ukrainischen Behörden registrieren zu lassen. In den russischen Medien sieht man übrigens tagtäglich Berichte darüber, wie Kinder aus Saporischschja und den Gebieten in der Gegend um Donezk in Camps vor allem auf die Krim gebracht werden.

Es mag naiv sein, aber das normale Vorstellungsvermögen reicht einfach nicht aus, um sich auszumalen, wie teilweise Hunderte von Kindern von A nach B – und dann von dort oft nach C und D – gebracht werden. Was für eine un-

58

glaubliche, im Verborgenen agierende, perverse Organisation steckt dahinter?

Eines vorweg – ich persönlich denke, dass die Zahl von 700.000 tatsächlich vollkommen aufgebläht ist, auch deshalb, weil es sicher Dopplungen gibt. Eine realistische Schätzung dürften 250.000 bis 300.000 Kinder sein ...

... was immer noch eine immens hohe Zahl ist ...

... natürlich. Die Kinder werden ja auch nicht nur einzeln weggebracht, sondern in großen Gruppen. Also ganze Schulen, ganze Internate, ganze Colleges, ganze Sportgruppen. An einem Beispiel aus Mariupol wird es vielleicht deutlich: Vor einem Jahr fanden dort sehr ernst zu nehmende militärische Aktionen statt, und die Russen begannen, Kinder im großen Stil zu »evakuieren«. Aber nicht nur Kinder, sie brachten komplette Wohnhäuser, Einfamilienhäuser, ganze Straßen und Nachbarschaften aus der Stadt, manchmal versetzten sie komplette Dörfer. Es gab keine sogenannten grünen Korridore mehr in die Ukraine, was schlichtweg bedeutet, dass die Menschen nicht in ihre Heimat konnten. Und dort, wo Korridore waren, wurde heftig gekämpft und bombardiert.

Das ist unvorstellbar ...

... es wird aber noch schlimmer: Manchmal wurden die grünen Korridore publik gemacht, also es wurde gesagt, dass man an gewissen Orten und zu gewissen Zeiten eine Gegend passieren könnte. Zum Beispiel hieß es: »Seid um 9.30 Uhr da«, und dann sind die Menschen um 9.30 Uhr an diesen Ort gekommen. Nur um zu erfahren, dass der Korridor wegen Bombenangriffen um 10 Uhr wieder geschlossen würde. Das heißt, es war unmöglich, diese

Korridore zu benutzen. Wir sprechen inzwischen von sogenannten forcierten Evakuierungen, was nichts anderes bedeutet als Deportationen.

Das heißt aber auch, dass nicht alle Kinder allein unterwegs oder in irgendeinem Camp sind, sondern auch noch mit ihren Familien zusammen sind.
Ja, in Russland. Oder in besetzten Gebieten. Und sie haben keinerlei Möglichkeit, zurückzugehen. Weil sie entweder nicht kommunizieren können oder weil sie kein Geld haben oder nicht an ihr Geld herankommen. Das führt uns zu einer weiteren Art von Kriminalität: Da nicht dafür gesorgt wird, dass diese Menschen zu vernünftigen Konditionen in ihre Heimat zurückkehren können, nennen wir das Kind beim Namen: Es ist ein Genozid, der hier stattfindet.

Was für eine perfide Art der psychologischen Kriegsführung ...
Ja, anders kann man es nicht nennen. »Genozid« bedeutet, dass ein Land Menschen aus einem anderen Land zwingt, ihren Hauptwohnsitz in dem neuen Land zu nehmen. Ihnen wird der Ausweis weggenommen und ein russischer Pass aufgezwungen, sie verlieren ihre Identität, ihre Selbstbestimmung, ihre Wahlfreiheit. Letztendlich ihre Würde.

Was können wir – der Rest der Welt – tun?
Als Erstes können Sie Informationen über Save Ukraine und unsere Arbeit verbreiten. Auf diese Art und Weise können wir dazu beitragen, dass Nachrichten möglichst viele Menschen erreichen. Wenn Verwandte zum Beispiel ins Ausland geflüchtet sind und keine Verbindung mehr nach Hause haben, dann macht unsere Arbeit es ihnen

leichter, sich wiederzufinden. Manche Ukrainer, die inzwischen irgendwo in Europa sind, wissen gar nicht, was mit ihren Familienangehörigen passiert (ist). Wir müssen die Dinge beim Namen nennen, aber eben nicht nur die Dinge, sondern auch Personen. Personen, die zur Rechenschaft gezogen werden müssen, wenn der Krieg vorbei ist. Die Menschen auf der Welt müssen verstehen, was Russland anrichtet.

Es ist tatsächlich so unglaublich, dass viele Menschen sich das ganz sicher nicht vorstellen können, zu welch grausamen Mitteln die russische Armee und ihre Befehlshaber greifen. Die Weltgemeinschaft muss Druck ausüben, sie muss sich erheben und Forderungen stellen. Wir müssen das Ganze einen Genozid nennen, denn das ist ein Begriff, der dabei helfen wird zu verstehen, was mitten in Europa vor sich geht. Und es wäre ebenfalls großartig, wenn andere internationale Hilfsorganisationen aus diesen Berichten lernen könnten. Denn dann könnten sie noch besser mit der ukrainischen Regierung und mit Save Ukraine zusammenarbeiten, um eines Tages alle deportierten Kinder in ihre Heimat zurückzubringen. Nicht einmal Ukrainer können wirklich begreifen, was hier vor sich geht, weil es außerhalb des normalen Vorstellungsvermögens liegt.

Ein letztes Beispiel ...
Wir haben einen Fall, da haben eine Mutter und ein Vater ihren Sohn seit einem Jahr nicht mehr gesehen. Es passiert im Krieg einfach, dass Eltern flüchten müssen, während ihr Kind in ein Camp verschleppt wurde. In diesem Fall haben beide Eltern, die zuvor sehr erfolgreich in ihren Jobs

waren, diese verloren, der Ort, in dem sie gelebt hatten, musste evakuiert werden, und sie wohnen seitdem bei ihren Eltern und Schwiegereltern, in Cherson, auf der linken Seite des Dnipro. Sie ernähren sich von dem, was sie selbst anbauen. Weil der Vater auf der anderen Seite der Stadt einen Job angeboten bekam, ging er zurück, seine Frau begleitete ihn. Sie dachten, es sei sicherer, sich als Paar zu bewegen, denn einzelne Männer werden ganz schnell vom russischen Militär zwangsrekrutiert. Sie zogen also wieder zurück in den zu diesem Zeitpunkt noch besetzten Teil der Stadt, ihr Teenager blieb bei den Großeltern. Dann wurde Cherson befreit, aber nicht dort, wo Großeltern und Enkelkind lebten. Die Brücke, die die Stadtteile verband, war von den Russen zerstört worden. Das bedeutete, dass sie ihren Sohn nicht sehen konnten, obwohl er nur 80 Kilometer entfernt von ihnen wohnt. Es wurde immer gefährlicher, den Jungen bei den Großeltern zu lassen, denn die Russen suchen gezielt Kinder, die »keine Eltern mehr haben« – auch, wenn diese ganz in der Nähe sind.

Um zu ihrem Sohn zu kommen, musste die Mutter, die sich sicher war, dass ihr Telefon abgehört wird, durch die halbe Ukraine und Europa reisen, über Finnland, dann durch Russland, und dann durch das besetzte Gebiet von Cherson, um ihn wenigstens einmal wieder zu umarmen.

Was ihnen momentan bleibt, sind Anrufe oder Videocalls, in denen sie mehr oder weniger nur weinen und sich zumindest für einen Moment näher sind. Offen reden ist nicht möglich.

Diese Schilderungen machen uns sprachlos – aber nur kurzfristig. Denn Save Ukraine wird nicht aufhören, über die unglaublichen Taten und Sünden zu berichten, die der russische Aggressor in seinem Nachbarland begeht. Wer je eine Anwältin in der Ukraine braucht – Myroslava wäre unsere erste Wahl. Nicht nur kompetent, sondern auch warmherzig und humorvoll, meistert sie den bürokratischen Berg, der sich vor ihr auftürmt wie ein Achttausender.

Kateryna, Juristin und Koordinatorin von Save Ukraine

Kateryna kümmert sich darum, dass alle Kinder zurückkommen. Sie kennt jeden Fall, jedes Kind, die Eltern. Sie ist Juristin und gleichzeitig auch Hoffnungsträgerin.

Sie hofft, dass die ukrainischen Abwehrraketen weiterhin so effizient wie bisher funktionieren, sie will jedes Kind, das deportiert wurde, persönlich seinen Eltern zurückgeben, sie will ihre eigene Familie nicht mehr in Gefahr bringen, und vor allem würde sie gern so schnell wie möglich damit anfangen, die Ukraine wieder aufzubauen, und in einem Café sitzen und lustigere Geschichten erzählen.

Völkermord

An Kateryna kommt keiner vorbei. An Kateryna will auch keiner vorbei, denn sie ist der Dreh- und Angelpunkt für alle, die ihre Kinder über Save Ukraine zurückbekommen möchten. Alle Gespräche, die im Rahmen dieses Buches geführt wurden, sind Fälle, die über Katerynas Schreibtisch gegangen sind. Es sind nicht nur Kinder, die in ein vermeintliches Feriencamp gebracht oder direkt aus dem Klassenzimmer heraus deportiert wurden, darunter sind manchmal auch Kinder, die in den Kriegswirren verloren gegangen sind.

Von ihrer Ausbildung her ist Kateryna Juristin, und ihre Hauptarbeit besteht momentan darin, ukrainische Kinder aus der Russischen Föderation oder besetzten Gebieten nach Hause zu bringen. Sie ist sich der Lage, in der sie und die anderen Helfer sich befinden, vollkommen bewusst: Es ist wie David gegen Goliath, oder so, als glaubte ein Astrophysiker, dass er das Phänomen eines Schwarzen Lochs noch zu seinen Lebzeiten erklären könnte. »Aber es gibt keine Alternative«, sagt Kateryna und versucht ein Lächeln.

123 Kinder hat Save Ukraine bis zu diesem Zeitpunkt zurückgebracht, und jedes einzelne Kind ist eine unendlich große Inspiration, auch die restlichen Kinder eines Tages wieder ihren Familien übergeben zu können. »Es ist nicht einfach eine Zahl, es sind 123 Leben, 123 Seelen, es sind

123 Schicksale«, sagt Kateryna. 123 Kinder, 123 Lächeln, 123 Mütter, die ihre Söhne und Töchter wieder in die Arme schließen können. »Ich kenne jede einzelne Geschichte von jedem einzelnen Kind«, erzählt die junge Frau nicht ohne Stolz, »und wenn ich weiß, dass diese Kinder wieder zu ihren Familien zurückkommen und eines Tages hoffentlich wieder ein normales Leben führen werden, dann weiß ich wirklich, warum ich das hier tue.« Sie fügt hinzu: »Diese Kinder sind unsere Hoffnung, unsere Zukunft. Ohne sie sind wir nichts.« Wenn diese Kinder nicht zurückkehren, dann heißt dies übrigens in vielen Fällen auch, dass sie nicht nur »auf der anderen Seite« leben, vielmehr kann es auch bedeuten, dass sie für die andere Seite kämpfen müssen. »Eine unglaublich belastende Vorstellung für mich, denn was ich will, ist eindeutig etwas anderes: Ich will die Kinder wieder mit ihren Eltern zusammenbringen«, sagt Kateryna. In den Camps wird jedes Kind früher oder später einer Gehirnwäsche unterzogen – alle Kinder, mit denen wir bisher sprachen, haben sich trotzdem ihren Willen und ihren Stolz bewahrt.

Wenn die Kinder zurückkommen, betont Kateryna, dann bedeutet das auch, dass mehr Kinder – 123 inzwischen – wieder Ukrainisch sprechen dürfen und nicht Russisch sprechen müssen, dass sie ihren Gedanken freien Lauf lassen können und sagen dürfen, was sie wollen. »Es bedeutet einfach, dass sie frei sind«, sagt Kateryna, die direkt nach der Uni bei Save Ukraine angefangen hat, und die ihren Arbeitsplatz um nichts in der Welt tauschen würde. Die Hoffnung ist und bleibt dennoch, dass aus diesem Job keine *never ending story* wird.

Dieser Krieg hat bereits 2014 angefangen. Die »große Invasion« war 2022, die Krim und Teile von Luhansk und

Donezk aber wurden bereits acht Jahre zuvor besetzt, und auch da ging es oftmals bereits um »verschwundene Kinder«, da hat nur noch niemand so richtig hingehört oder daran glauben wollen, dass es um einen systematischen Genozid geht. Seit September 2022 arbeitet Kateryna nun bei Save Ukraine daran, deportierte Kinder zu retten: »Das hat sich so ergeben, weil mich ein Bekannter gebeten hatte, eine Familie zu beraten, deren Kind verschwunden war. Sie brauchten eine juristische Beratung, aber auch Trost.« Den Trost, dass die Situation nicht ausweglos ist, und juristischen Beistand, um die Rückholung des Kindes nicht durch einen Formfehler zu gefährden.

Was sagt Kateryna zu dem Begriff Genozid? Sie wirkt sehr vorsichtig, sehr bedacht, überhaupt nicht so, als würde sie auf eine reine Überschrift reinfallen. Aber wollen wir erst einmal definieren, was ein Genozid ist? Denn abgesehen davon, dass das Ganze ein höchst emotionales Thema ist, gibt es auch klare Definitionen für das, was in der Ukraine gerade geschieht. Und deswegen ist es für manche Menschen von außen vielleicht leichter nachvollziehbar, was da aktuell nur ein paar Kilometer weiter passiert, wenn man es als das bezeichnet, was es ist: Völkermord.

Definition Genozid

Gemäß den UN-Konventionen von 1948 ist Genozid ein Straftatbestand, der sowohl in Kriegs- als auch in Friedenszeiten existiert. Bei einem Genozid wird beabsichtigt, eine Nation, ein Volk, eine Rasse oder eine religiöse Gruppe komplett oder zumindest teilweise auszulöschen. Dies kann durch psychische Einflussnahme oder körperliche Gewalt geschehen und geht bis

zu Mord. Kinder, die aus den Gruppen entfernt werden, sollen zu Menschen erzogen werden, die alles, was sie bisher mit ihren Angehörigen verband, vergessen.

Rein emotional ist es so: Kateryna sieht die Aktionen der Russen als Genozid, denn sobald die Kinder den Eltern oder ihrem ursprünglichen Leben entrissen werden, wird versucht, die Kinder umzuerziehen. Ihre Identität wird gelöscht und es wird versucht, dafür etwas Neues »einzusetzen«. Die Kinder dürfen sich nicht mehr frei ausdrücken und nicht mehr frei bewegen, sie dürfen nicht Ukrainisch sprechen, sie dürfen nichts besitzen, was auch nur im Entferntesten einer ukrainischen Flagge oder deren Farben ähnelt, dürfen keine Bilder malen, die irgendetwas mit der Ukraine zu tun haben, keine Lieder von zu Hause singen. Sie werden »re-setted«.

»Wenn Kinder, die zum Beispiel zehn oder zwölf Jahre alt sind, widersprechen, weil sie gelernt haben, dass sie ein Recht darauf haben zu sagen, was sie denken und was sie fühlen, wenn sie also sagen: ›Du darfst das nicht mit mir machen!‹, wenn sie sich beschweren, wenn sie weinen, dann können Sie gewiss sein, dass dies ihre russischen ›Erzieher‹ umso mehr dazu anspornt, diese Kinder zu brechen«, erläutert Kateryna. »Sie drohen den Kindern damit, sie in psychiatrische Kliniken zu stecken – sie drohen meist zuerst damit, sie in den ›Keller‹ zu bringen – und dann impfen sie den Kindern ein, dass sie es hier, bei ihnen, doch sehr viel besser hätten. In Russland würde man sich um sie kümmern, sie lieben, ausbilden und anständig erziehen, zu Hause warte niemand mehr auf sie, sagen sie den Kindern, man habe sie vergessen, wird ihnen stattdessen gesagt«, fährt sie fort. Was für ein Verbrechen! Wie tief kann man Kinderseelen verletzen? Wie lange werden wir brauchen, um sie zu heilen und wieder aufzubauen?

Wenn die Kinder sagen, dass sie sich nicht vorstellen können, dass ihre Eltern sie vergessen hätten, dass sie lieber wieder zu Hause wären und dass sie dort auch immer gern zur Schule gehen werden, wenn sie quasi anfangen zu betteln, nach Hause zu dürfen, dann werden die Maßnahmen gegen sie immer restriktiver. »Einige Kinder, die zu Hause mit ihren Eltern Russisch gesprochen haben, weil das so üblich war in einigen Familien, sprechen nur noch Ukrainisch, wenn sie wieder zurückkommen, selbst wenn sie es nicht so gut können wie Russisch. Sie weinen vor Glück, wenn sie die ukrainische Flagge in der Hand halten«, ergänzt Kateryna. Das kann man sich in unseren Breiten kaum vorstellen.

Man bringt auf diese Art und Weise jemanden ums Leben, ohne die Person physisch zu töten. Nichts anderes ist das, was an diesen Kindern vorgenommen wird. Es sollen heranwachsende Menschen mit einer neuen Persönlichkeit versehen werden. Einer Ideologie folgen, die sie am Ende gegen ihre eigenen Landsleute aufbringt. Sie sollen zu Killern gemacht werden, zu Kampfmaschinen.

Wer gedacht hat, das alles wäre mit dem Fall der Berliner Mauer oder des Eisernen Vorhangs besser geworden und hätte sich durch eine gewisse Annäherung der Länder nach dem Kalten Krieg in Luft aufgelöst, der irrt sich. Gewaltig.

Ist die Einschätzung richtig, dass die Kinder, die deportiert werden, alle eher im Teenageralter sind, manche etwas jünger? Aber dass die ganz Kleinen nicht gestohlen werden – und wenn dem so ist, woran liegt das? Kann man Kleinkinder nicht noch viel besser formen als rebellische Jugendliche? Könnte man die Kleinkinder nicht viel besser zur Adoption und somit auch zur Gehirnwäsche freigeben? Kateryna kann das erklären:»Ja, es sind überwiegend Teenager. Es ist theoretisch gar nicht so schwer, einem Teenager eine Gehirnwäsche zu verpassen. Sie wollen sie einmal von innen nach außen, von links auf rechts drehen. Die Absicht, die dahintersteht: Diese Kids sollen irgendwann gegen ihre eigenen ehemaligen Landsleute kämpfen.« Der Russe denkt sich: Warum die eigenen Leute verheizen, wenn ich auch Ukrainer kriegen kann, die Ukrainer töten?»Ja. Es ist ein teuflisches System.«

Es werden aber auch jüngere Kinder weggenommen, sie werden quasi gestohlen. Und ja, sehr viele Kinder werden aus Waisenhäusern verschleppt. Aber das ist eine andere Geschichte, denn diese Kinder haben keine Eltern, die sie vermissen, die sich darum kümmern, die Kinder zurückzubekommen. Es ist nur Angehörigen erlaubt, ihre Kinder abzuholen, Personal von einem Waisenhaus kann gar nichts erreichen.»Es ist eine sehr verzwickte Gesetzeslage«, sagt Kateryna,»die Kinder, die noch sehr jung sind, befinden sich oft in der Obhut ihrer Eltern, dementsprechend schwerer ist es, sie einfach irgendwo herauszuholen und mitzunehmen. Kleine Kinder hat man nun mal oft zu Hause, sie müssen nicht unbedingt in den Kindergarten. Größere Kinder dagegen wollen mit ihren Freunden chillen, zum Sport, sie sind nicht so viel zu Hause wie kleinere Kinder.« Die älteren Kinder sind nach Corona auch einfach nur froh gewesen, wieder in die Schule zu gehen und ein normales Leben führen zu können. Dass sie in manchen Fällen auch froh über ein Sommercamp waren, ist nur allzu leicht nachzuvollziehen.

Manche Jugendliche haben in Kauf genommen, in Russisch geführte Schulen zu gehen, um überhaupt etwas zu lernen. Diese Kinder sind dann auch leichter zu deportieren.

Kateryna erklärt, dass Teenager ja meist dasselbe wollen, was ihre Freunde machen:»Wenn die Freunde ins Sommercamp dürfen oder auf die Reise mit dem Sportverein, dann wollen das die anderen Kinder auch, das ist normal.« Natürlich konnten sie nicht wissen, was tatsächlich auf sie zukommen würde.

Das Perfide ist, dass die Russen ein Szenario aufbauen für die Jugendlichen, das es ihnen nahelegt und letztendlich erleichtert, die Entscheidung pro Feriencamp zu treffen. Was nichts anderes bedeutet, als dass dafür gesorgt wurde, größtmögliche Panik, Druck, Angst und Unsicherheit zu erzeugen.»Es werden Gerüchte gestreut, dass es Straßenkämpfe in der Gegend geben wird und es besser wäre, wenn die Kinder nicht da wären, weil man sie dann vielleicht sogar einziehen würde, heißt es dann«, weiß Kateryna,»es wird versucht, die Menschen einzuschüchtern, sie zu verängstigen.« Wie?»Indem zum Beispiel so getan wird, als würden sich vor den Toren einer Stadt schießende Soldaten nähern. Alles, damit die Eltern denken, es wäre sicherer für ihre Kinder, wenn sie in einem Camp auf der Krim oder egal wo wären. Bloß nicht zu Hause.«

Ein anderer Grund, warum Eltern sich einverstanden erklären, ihr Kind in ein»Camp« gehen zu lassen, ist ein ganz einfacher: Sie haben nichts zu essen. Dort wird es wenigstens versorgt, denken sich manche Eltern.

»Wir müssen uns immer wieder klarmachen, wie isoliert die Menschen und ganze Bevölkerungsgruppen sind, wenn sie in besetzten Zonen leben«, versucht Kateryna das Handeln der Eltern zu erläutern. »Sie haben keinen Kontakt, keine Möglichkeiten, sich Informationen von außerhalb zu holen. Sie trauen ihren engsten Angehörigen manchmal nicht mehr, weil jeder ein Kollaborateur, ein Verräter, sein könnte, und weil einige zuerst an sich denken.« Auf der anderen Seite ist eine Welle der Hilfsbereitschaft über das gesamte gebeutelte Land geschwappt – man hilft sich mehr als zuvor und zieht, wo es nur geht, an einem Strang.

Die Menschen werden in ihrer größten Not unter einen Druck gesetzt, den man sich kaum vorstellen kann. Wenn man beispielsweise einer Mutter, deren älteres Kind bereits in der ukrainischen Armee kämpft, sagt: »Komm, wir nehmen dein kleineres Kind mit in ein Camp, damit es dort mal wieder richtig aufgepäppelt wird, aber du musst sofort Ja sagen und ein paar Sachen zusammenpacken, morgen gilt das Angebot nicht mehr«, dann setzt man diese Mutter derart unter Druck, dass viele solche Mütter sagen: »Ja, nehmt das Kind mit, überall ist es besser als hier, wo wir nichts zu essen haben.« Nur, um dann ein paar Tage später festzustellen, dass sie den größten Fehler ihres Lebens begangen haben.

Wir wüssten gern, wie viele Menschen bei Save Ukraine überhaupt dabei sind, die unglaubliche Zahl von geschätzten 300.000 Fällen gestohlener Kinder zu bearbeiten. Es sind 5. In Worten fünf. Und diese fünf arbeiten nicht exklusiv an den Kinderdeportationen, sondern haben noch andere Dinge zu erledigen, die auch in den Wirkungskreis von Save Ukraine fallen. Das heißt, fünf Menschen versuchen gerade, die ganze Welt zu retten? Da muss selbst die überwiegend ernst und konzentriert wirkende Kateryna lachen. »Wenn Sie so wollen, ja. Wir können im Kern gar nicht mehr sein, wir müssen sehr aufpassen, was wir machen und mit wem wir zusammenarbeiten. Wir müssen einander vertrauen können.« Es gibt Fälle, in denen Mütter deportiert wurden, in denen Angehörige in Kliniken gebracht wurden, tagelang vom FSB verhört wurden oder »verschwanden«, sobald herauskam, dass sie ihre Kinder befreien wollten. »Es gibt bereits Spezialeinheiten, die die Mütter jagen«, betont Kateryna. »Die Erledigung der Dokumente muss sehr geheim vonstattengehen, jede einzelne Aktion muss so lange wie möglich unter dem Radar bleiben. Wenn es sich herumspräche, wo man an einem bestimmten Tag am besten eine bestimmte Grenze überqueren kann, dann würde das in einer großen Gruppe nicht lange geheim bleiben und alle Beteiligten wären unglaublichen Gefahren ausgesetzt.«

Wie unsicher fühlt sie sich eigentlich? Am Anfang hatte sie keine Angst, die kam erst später. Sie wusste genau, dass sie das Richtige tat – sie arbeitete daran, Kinder zu ihren Müttern zurückzubringen, was kann daran schon falsch sein? Aber wie sah es mit ihrer persönlichen Sicherheit aus? Sie weiß, dass sie auf einer »Liste« steht, der FSB ist natürlich »interessiert« an Leuten wie Kateryna. Mütter, die verhört wurden, denen Fotos gezeigt wurden, haben ihr erzählt, dass auch ihr Foto dabei war, das den verängstigten Frauen unter die Nase gehalten wurde. Das macht ihr natürlich Angst. Aber noch mehr macht es sie wütend. Doch am allermeisten bestätigt es sie: Wenn der FSB an dir interessiert ist, wenn sie deine Fotos, deine Daten, deine persönlichen Informationen sammeln, dann musst du etwas richtig machen.

In der Ukraine fühlt Kateryna sich sicher. Was total absurd klingt, wenn man bedenkt, dass sie in einem Land lebt, das sich im Krieg mit seinem riesigen Nachbarn befindet.»Die Sirenen, der Bombenalarm – daran gewöhnt man sich fast. Man gewöhnt sich aber nicht daran, dass Eltern einen anrufen, weinen und sich nicht mehr zu helfen wissen, weil ihr Kind weg ist und sie es dringend nach Hause holen wollen – aber nicht wissen, wie.« Die Verzweiflung, die Angst davor, dass das Kind vielleicht auf Nimmerwiedersehen verschwunden ist, das Weinen der Eltern, die oft nicht mal wissen, wo ihr Kind ist, all das treibt Kateryna an, weiterzumachen und ihre eigenen Ängste hintanzustellen.

Sie bewegt sich dabei zwischen zwei Polen: Die Juristin in ihr macht alles nach den Regeln. Wenn die Sirenen zu hören sind, geht sie in den Keller. Die Helferin in ihr würde aber am liebsten am Telefon bleiben, um möglichst viele Anrufe annehmen zu können.

Nur nach Hause kann sie nicht mehr fahren, was ihr größter Wunsch wäre. Sie kommt aus einem Ort an der Grenze zu Russland. Die Geschichten von Flucht und Verfolgung kennt sie schon seit 2014. Sie hat dort Familie – die sie nicht sehen kann. Sie kann nicht dorthin, die anderen können nicht dort weg. Sie will niemanden in Gefahr bringen, und so geht es auch vielen ihrer Freunde.

Während wir und die gesamte altersunabhängige Generation Easyjet darüber jammern, dass die Flüge teurer geworden sind, können andere nicht einmal zur Beerdigung ihrer Großeltern nach Hause fahren. Wir hoffen, dass wir mit unserer Arbeit und der Erzählung der Geschichten von einzelnen Menschen klarmachen können, wie die Situation ist: dass die Eltern nicht leichtfertig ihre Kinder den Rus-

sen überlassen. Dass hier keiner dumm ist oder schlecht.
»Was geben die ihre Kinder auch so leichtfertig her«, wurde ich immer wieder mal gefragt. Das ist natürlich nicht so! Niemand gibt leichtfertig seine Kinder her! Nein, es ist eine Lebenssituation, ein ungeheurer Stress, wie man ihn sich als Nicht-Betroffene(r) kaum vorstellen kann. Die Panik, das Richtige tun zu wollen, für das Land, für die Familie, die Sicherheit der Kinder, muss unglaublich sein. Wenn Straßenkämpfe von den Russen inszeniert werden, wer würde sein Kind da nicht in Sicherheit bringen wollen? Zum Glück haben wir bis jetzt bei allen Kindern und Jugendlichen, mit denen wir sprachen, gemerkt, dass die Rechnung, Kinder russifizieren zu wollen, nicht so leicht aufgeht – ukrainische Kinder lassen sich nicht mal eben »umdrehen«, so wie der Aggressor sich das vorstellt.

Svitlana K.,
Pflegemutter

Sie lebt mit sechs Pflegekindern im Alter von sechs bis 17 Jahren in Winnyzja. In Svitlanas Geschichte geht es nicht darum, dass ihr Kinder weggenommen wurden, sondern darum, dass sie geholfen hat, Kinder, die sehr wahrscheinlich in einem russischen Waisenhaus gelandet wären, bei sich aufzunehmen und sie zu verstecken.

Der Ort, in dem sie normalerweise lebt, wurde gleich nach Kriegsbeginn von den Russen okkupiert. Zum Zeitpunkt des Interviews war er noch besetzt.

Wer vier Kinder ernähren kann, schafft auch sechs

»Ich habe sechs Kinder. Sie sind nicht meine eigenen, aber ich liebe sie so, als wären sie meine eigenen. Das ist nicht immer einfach, aber ich mache es gern. Ich lebte mit vier Kindern bereits in der Gegend bei Cherson. Als der Krieg anfing, wurde diese Region sehr schnell besetzt. Der Direktor eines Waisenhauses in unserer Nähe fragte alle Familien, ob sie Kinder aufnehmen könnten, weil er befürchtete, dass die Kinder, wenn sie im Waisenhaus blieben, von den Russen mitgenommen werden könnten. Er wollte die Kinder verteilen, damit sie in Sicherheit sind. Denn Waisenkinder sind ein ›gefundenes Fressen‹, wenn ich das so sagen darf: Niemand vermisst sie erst mal, keine Eltern, die sie suchen, sie werden einfach in russische Waisenhäuser gebracht und verschwinden unter Umständen auf Nimmerwiedersehen. Ihnen ihre Identität zu rauben, ist einfacher, vor allem, wenn sie noch jünger sind.

Ich habe zwei Mädchen aufgenommen, sechs und acht Jahre alt. Alle aus unserem Ort haben Kinder aufgenommen, als sie darum gebeten wurden. Das war ganz selbstverständlich für unsere Gemeinschaft, diese Kinder nicht einfach einem ungewissen Schicksal zu überlassen. Das mag für einige Menschen anstrengend und viel klingen, ich denke aber, wer vier Kinder ernähren und erziehen kann, der kann das auch mit sechs. Unter normalen Umständen. Unsere Umstände waren – und sind – aber nicht normal. Wir lebten in einem besetzten Gebiet, einem Gebiet, das die Russen gleich nach Beginn des Krieges für sich vereinnahmten. Das heißt, ein normales Leben mit Kindergarten- und Schulbesuchen, mit Arztterminen und Spielen auf der Straße oder im Garten ist nicht möglich. Ich musste meine Kinder verstecken, ›den Ball flach halten‹, wie man so schön sagt, damit niemand auf die Idee kommt, mich zu fragen: ›Sagen Sie mal, Frau K., normalerweise haben Sie doch nur vier Kinder in Ihrer Obhut, was machen denn die beiden anderen da bei Ihnen?‹ Eine überaus stressige Situation, vor allem für die Kinder. Die sind ja wie ein Sack Flöhe. Die Kleinen begreifen oft nicht wirklich, was Krieg bedeutet. Zum Glück. Dass ukrainische Kinder grundsätzlich leider schon eine Vorstellung davon haben, was Krieg ist, ist schlimm genug. Ich habe versucht, sie abzulenken, keine Nachrichten über Krieg, Tod und die Möglichkeit, dass sie mir weggenommen werden könnten, an sie heranzulassen. Ich habe versucht, sie in Liebe einzuhüllen.

Das Gefährliche an der Situation für mich war, dass ich Kinder aufnahm, die keinerlei Papiere hatten. Man kann sich eigentlich nicht vorstellen, wie das ist, keine Papiere zu haben. Wir alle sind registriert, feiern unsere Geburtstage, haben irgendwann eine Steuer- und eine Versicherungsnummer. Kinder, die in einem Waisenhaus leben, in Kriegszeiten, die durchaus bereits seit 2014 hier herrschen, die ohne jegliche Papiere abgegeben oder aufgefunden werden – die leben in einem Niemandsland. Aber das ist nichts im Vergleich zu der Tatsache, dass es einfach gefährlich ist, keine Papiere zu haben. Ohne Papiere kommt man zum

Beispiel durch keinen Checkpoint – ein riesiges Problem, wenn es um Evakuierungen geht. Ich wollte den Kindern in dem ganzen Wahnsinn ein Stück Normalität geben. Was fast ein Ding der Unmöglichkeit ist in einem von den Russen besetzten Gebiet.

Ich möchte meinen Kindern in diesen Zeiten Ruhe und Zuversicht vermitteln, ich will ihnen versprechen, dass die Männer mit den Maschinenpistolen eines Tages nicht mehr kommen werden. Sie gaben sich zwar immer ganz freundlich, so, als wären sie bei einer Inventur oder einer Art Volkszählung unterwegs, dabei wollten sie in Wahrheit wissen, wer wie viele Kinder versteckt hielt. Es war sehr beängstigend für uns alle.

Wenn mich jemand fragt, wie ich es schaffe, mit so vielen Kindern so vieler Altersstufen klarzukommen, muss ich sagen – keine Ahnung! Die Kinder, die bereits bei mir waren, sind 15 und 17, zwei sind 16. Und dann kamen die Kleinen dazu. Die Großen sind mir eine unglaubliche Unterstützung. Sie versuchen mit allen Mitteln, die schrecklichen Nachrichten von den Kleinen fernzuhalten. Sie beschützen sie, wo es nur geht. Ehrlich gesagt denke ich, dass die beiden Jüngsten sogar ganz glücklich sind, weil sie wirklich nicht wissen, was um sie herum geschieht und wir versuchen, mit der Situation möglichst ›spielerisch‹ umzugehen.

Ich wollte meine Kinder immer davor bewahren, dass sie zu viel von der Propaganda mitbekommen. Im Fernsehen wurde immer wieder gezeigt, dass alles in Russland so toll sein würde. Ich meine, wenn du ein Teenager bist und dich überwiegend in einem verschlossenen Haus aufhalten sollst oder im Keller, dann kannst du davon auch mal gehörig die Nase voll haben. Diese Typen mit den

Maschinenpistolen haben auch immer so einen auf vertraut gemacht: ›Geht es euch auch wirklich gut?‹, haben sie gefragt, und: ›Ihr wisst schon, dass es euch in Russland besser gehen würde!‹ Das kann man eigentlich kaum aushalten. Meine Kinder aber schon! Ich bin sehr stolz auf sie. Und froh, dass ich sie bisher vor dem Schlimmsten bewahren konnte. Ich habe lange versucht, die Kinder zu verstecken. Es ist mir gelungen. Es war furchtbar anstrengend, weil keinerlei normales Leben möglich ist, aber ich habe immer auf mein Herz gehört, mich nicht vom Weg abbringen lassen, niemanden in meine Überlegungen miteinbezogen. Ich will nicht sagen, dass ich niemandem vertrauen konnte oder kann, aber ich wollte kein Risiko eingehen.

Jetzt sind wir evakuiert worden, wir sind alle zusammen, frei in unseren Handlungen, können auf den Spielplatz und zum Arzt gehen, ich kümmere mich um Papiere für alle Kinder. Mir sind sechs Steine vom Herzen gefallen.

Unglaublich, wie Menschen über sich hinauswachsen können. Ist es vermessen zu sagen, dass es oft die Frauen sind, die fast Unmenschliches leisten? Zumindest kommt es uns so vor. Svitlana ist eine stille Heldin, die sich jetzt immerhin so sicher fühlt, dass sie endlich von sich berichten kann. Ukrainische Behörden arbeiten weiterhin mit Hochdruck daran, verschleppte Waisen zu befreien.

Khrystya, Mutter von Bohdan, 15 Jahre, 9. Klasse

Wir sprechen, während Khrystya in Cherson im Auto sitzt – ein Ort, an dem sie sich sicher fühlt.

Wenn du dein Kind zurückhaben willst, verlass deine Heimat

»Mein Sohn war in einem Camp, weil so ein immenser Druck auf mich ausgeübt wurde. Das russische Militär klingelte immer wieder bei uns und fragte, warum der Junge nicht in der Schule sei. Er hat Online-Unterricht, sagte ich dann, was auch stimmte. Ich hatte einfach kein gutes Gefühl, ihn zur Schule zu schicken, wegen Corona vorher war ja sowieso schon alles durcheinander. Im September 2022 haben sie dann aber richtig Druck gemacht, dass ich mein Kind in die Schule bringen soll. Sonst verliere ich die Erziehungsberechtigung für ihn, hieß es.

Natürlich sollte er auf eine russische Schule gehen. Seit September 2022 ging das so. Ich hatte ihn sicherheitshalber angemeldet, aber ich erfand immer neue Ausreden, damit er dort nicht hinmusste: Rückenschmerzen, Probleme mit den Augen, Migräne, alles Mögliche. Hauptsache, er kann zu Hause bei mir bleiben, das war mein Gedanke. Als all diese ›Krankheiten‹ ›kuriert‹ waren, habe ich noch gesagt, dass er wirklich schlimme Probleme mit dem Magen hätte wegen des ganzen Stresses momentan. Es war gar nicht so einfach, einen kerngesunden Jungen als ständig kränkelnd hinzustellen, auch für ihn nicht. Denn das hieß natürlich auch, dass Bohdan seine Freunde nicht treffen konnte. Am allerschlimmsten wurde die Situation aber schon letzten Sommer, in den Ferien. Da sagten die Russen bereits, dass die Kinder von der Straße sollten, in den Ferien. Sie erzählten uns, das ukrainische Militär würde jeden töten, wir lebten schließlich in besetztem Gebiet, und man könnte uns für Verräter halten. Sie drohten, dass wir alle wegmüssten, denn es würde Straßenkämpfe geben. Zu der Zeit waren wir gezwungen, uns neue Telefonnummern anzuschaffen, denn die ukrainischen Verbindungen wurden gelöscht. Das heißt, es gab Programme, die die ukrainischen Netzwerke zerstörten. Ich habe also eine russische SIM-Karte gekauft, und dann fing ein Terror an, den man sich nicht vorstellen kann. Jede Nacht um zwei oder vier Uhr klingelte das Telefon, es wurde gesagt, wir sollten sofort aufbrechen und uns in Sicherheit bringen. Ich habe oft daran gedacht, das Telefon abzuschalten, aber im Krieg kannst und willst du dein Telefon nicht abschalten, es ist die einzige Verbindung nach draußen, die du hast. Auch wenn alles *fake* ist und man sich denken kann, dass man abgehört wird.

Überall herrschte Panik. Auch meine Freunde verfielen langsam, einer nach dem anderen, in Panik. Sie sagten, wir müssten hier weg. Einige drängten mich, wenigstens den Jungen in Sicherheit zu schicken. Ich wusste gar nicht mehr, ob das wirklich meine Freunde waren. Wissen Sie, was das mit einem macht? Man fängt an zu zweifeln. An sich, an seinem Verstand. Man will nur das Beste für sein Kind, und die Vorschläge, die Kinder in Sommercamps zu schicken, wo sie der permanenten Bedrohung und dem Druck nicht mehr ausgesetzt wären, klangen irgendwann auch in meinen Ohren verlockender als das Theater, das ich aus lauter Angst um meinen Sohn aufführte, um ihn zu Hause zu behalten. Ich dachte immer, egal, was mit mir passiert – aber lasst mein Kind in Ruhe!

Der Vater von meinem Sohn wohnt auf der Krim, ich fing an, darüber nachzudenken, dass es dem Jungen dort tatsächlich besser gehen würde als bei mir. Ich war weich geklopft worden. Ich wollte Bohdan auch davor bewahren, dass er eingezogen wird, obwohl das nicht meine Hauptsorge war, dafür ist er noch ein bisschen zu jung. Aber es herrschte eine generelle Panik, dass einem ständig etwas passieren konnte. Die Leute mit etwas Geld versuchten zu fliehen. Über die Krim nach Georgien und dann wieder auf nicht besetztes Gebiet in der Ukraine. Alle versuchten zu fliehen. Ich kam mir wirklich allein vor. Mein Ex-Mann und ich hatten darüber diskutiert, wie wir fliehen könnten, entschieden uns aber dagegen, weil er es auch für zu gefährlich hielt. Als der Druck auf mich, den Jungen in ein Camp zu geben, immer größer wurde, sagte auch Bohdans Vater, dass ich ihn dahin schicken sollte, damit wenigstens er in Sicherheit sei. Meine Gedanken kreisten nur darum, was das Beste für mein Kind wäre. An mich dachte ich gar nicht mehr.

Willst du nicht flüchten, Khrystya?, wurde ich oft gefragt, hau doch ab! Das kam für mich nicht infrage. Wohin?, dachte ich immer nur. Schließlich aber war es so weit, ich war mürbe und willigte ein, dass er mit vielen anderen aus seiner Schule in ein Camp reisen dürfte. Es waren so viele Kinder, und sie wurden von Lehrern begleitet, das beruhigte mich ein bisschen. Wir kannten die Lehrer zwar nicht, aber wir gaben ihnen Vollmachten mit, dass sie für unsere Kinder in den nächsten Wochen verantwortlich sein würden. Das ist normal, dachte ich, das muss man so machen, die anderen Eltern haben das auch unterschrieben. Und schließlich sollte es nur für zwei Wochen sein.

Das Problem zu dem Zeitpunkt war, dass man Cherson zwar verlassen konnte, aber dann aufgrund der Gegenoffensive nicht mehr zurückkam, weil die ukrainische Armee im Anmarsch war. Russland ›evakuierte‹ zu diesem Zeitpunkt jeden aus Cherson. Die ›Klassenlehrerin‹ vertröstete uns dann alle am Telefon, als wir fragten, wie unsere Kinder wieder zurückkommen würden. Sie schlug vor, dass wir Eltern unsere Kinder aus dem Camp auf der Krim abholen sollten, es mache ja sowieso keinen Sinn, in Cherson zu bleiben, die Nazis würden kommen und alles zerstören. *(Anmerkung: Putins Propaganda-Maschinerie behauptet, dass die Ukraine von (Neo-)Nazis und Faschisten regiert wird.)* Die Eltern könnten auch auf der Krim leben, und alles würde gut werden. Also im Klartext: Wenn du dein Kind wiederhaben willst, dann verlass deine Heimat.

Immerhin konnte ich mit Bohdan sprechen, er hat mir Fotos und Videos geschickt. Und irgendwie schaffte er es zwischendurch immer wieder, Kurse der ukrainischen Schule online zu besuchen. Es war sehr gefährlich, was er da machte. Nichts Ukrainisches durfte mehr im Umfeld der Kinder sein. Ein Mädchen, das ein T-Shirt mit der ukrainischen Flagge trug, wurde gezwungen, es vor allen anderen auszuziehen. Sie musste in Unterwäsche dastehen und ihr Shirt vor den Augen aller Kinder mit einer Schere zerschneiden. Wie schrecklich unangenehm ihr das gewesen sein muss.

Morgens wurden die Kinder mit der russischen Nationalhymne geweckt, sie mussten sie auswendig lernen und hatten jeden Tag zwei Stunden russischen Geschichtsunterricht. Wer nicht mitmachte, wurde bestraft. Es hieß, ungezogene Kinder kämen in den Keller. In eine Einzelzelle. Was dort mit ihnen geschehen sollte, wurde offengelassen. Aber es wurde massiver Druck ausgeübt auf die Kinder: Russen sind gut, Ukrainer sind schlecht, sie sind Nazis und lieben ihre Kinder nicht. Sie würden sogar kommen und die Kinder töten. Im Dezember hörte ich dann, dass alle Eltern, die inzwischen tatsächlich auf die Krim gezogen waren, ihre Kinder aus dem Camp abholen durften.

Mein Bruder, der in Henitschesk lebt, einer Stadt ganz im Südosten mit Verbindung zur Krim, schlug mir vor, dass er Bohdan abholen würde, denn für ihn war das einfacher. Er konnte ihn dann tatsächlich abholen, ich kann es bis heute nicht fassen, dass es geklappt hat. Danach verbrachte mein Sohn fünf Monate bei seinem Onkel. Das war schon eine große Erleichterung, denn auch wenn ich ihn nicht sehen konnte, so war er doch nicht mehr in dem Camp auf der Krim, sondern in der Familie.

Mein Bruder war sehr vorsichtig, er hatte große Angst um Bohdan, denn auf dem Weg zurück hätte man ihm das Kind immer wieder wegnehmen können. Er hat den Jungen versteckt.

Eigentlich hätte Bohdan wieder in eine russische Schule gehen müssen. Aber die Gefahr, dass er dann zurück in ein Camp gebracht würde, war einfach zu groß. Wie es in den Camps aussieht, in die er dann gekommen wäre, das will ich mir nicht ausmalen! Dort werden Kinder durchleuchtet wie Schwerverbrecher, wenn die Behörden etwas auf ihren Handys finden, das auch nur im Entferntesten ukrainisch sein könnte, dann wäre es vorbei gewesen, dann hätte man den Jungen sonst wohin geschickt! Gemeinsam haben wir dann herausgefunden, wie er wieder zu mir zurückkommen konnte. Helfer von Save Ukraine haben ihn abgeholt, es war gefährlich, und Bohdan fand es unheimlich, aber er war auch sehr tapfer.

Seine größte Angst war, dass er, wenn er nicht rechtzeitig abgeholt würde, in ein Waisenhaus in Russland gebracht würde – damit wurde den Kindern immer wieder gedroht in den Camps, wenn sie nicht gehorchten.

Meine größte Angst war, dass sie in eine Kontrolle geraten würden, mein Bruder und er, und dass man ihm das Kind wieder wegnähme oder dass sie beide getrennt eingesperrt und verhört würden.

Wir haben es irgendwie geschafft, in Kontakt zu bleiben. Ich habe in den ganzen Monaten sehr wenig geschlafen, und ich habe so viel geweint wie noch nie in meinem Leben. Meine Fantasie ist manchmal auch mit mir durchgegangen, ich habe mir immer wieder ausgemalt, dass etwas nicht klappen könnte. Aber jetzt habe ich mein Kind seit drei Tagen wieder zu Hause, ich kann mein Glück kaum fassen. Im Moment ist alles ruhiger.

Bohdan hat das alles erstaunlich gut weggesteckt, er ist einfach nur glücklich, wieder zu Hause zu sein. Er hat aber große Angst vor Uniformen. Ich mache mir Vorwürfe, dass ich nicht besser auf ihn aufgepasst habe, aber ich habe wirklich alles versucht. Ich bete für die anderen Kinder, dass auch sie bald befreit werden. Momentan weiche ich meinem Sohn nicht von der Seite – ich schätze, das wird ihm bald sehr auf die Nerven gehen. Aber noch lachen wir darüber, dass ich ihn behandle wie ein Kleinkind.

Eine Geschichte, wie es sie zu Tausenden gibt – und doch ist jeder Fall immer wieder zutiefst berührend. Khrystyas

Schilderungen vermitteln, in welchem Gefühlschaos sie sich befunden haben muss. Dass unsere Gesprächspartner zwischendurch übrigens immer mal wieder lachen oder selbst einen kleinen Witz machen, ist das Allerschönste.

Zhanna, 33, und Lukas, 17 Jahre

Heimat: Cherson

Einen Tag nach unserem Gespräch mit Zhanna hatte Lukas Geburtstag. Er ist bis heute nicht wieder aufgetaucht.

Eine Patentante gibt nicht auf

Warum bist du auf der Suche nach deinem Patensohn, warum nicht die Eltern?
Weil die Mutter vor sechs Jahren starb. Weil ich ihr versprochen habe, mich um den Jungen zu kümmern, passiere, was wolle. Damals hätten wir nicht gedacht, dass es so weit kommen würde. Aber ich halte meine Versprechen. Die Großeltern sind alle nicht gesund, und über den Vater möchte ich eigentlich nicht sprechen, er hat sein Recht auf den Jungen einfach verloren, sagen wir mal so.

Die Mutter, deine verstorbene Freundin, hat dich jedenfalls sehr gut ausgesucht, weil du dich um ihn kümmerst wie um deinen eigenen Sohn.
Lukas hat eine harte Geschichte hinter sich. Er wurde vor ein paar Jahren schon von einer Familie adoptiert, doch kurz bevor der Krieg ausbrach, hat er die Familie verlassen, weil er es bei denen nicht ausgehalten hat. Er ist zurück ins Waisenhaus in Cherson gegangen, von dort aus hat er den Kontakt zu seiner einen Großmutter gesucht. Als dann der Krieg ausbrach, hat der Leiter des Waisenhauses versucht, alle Kinder bei irgendwelchen Verwandten unterzubringen, Hauptsache, sie blieben nicht im Waisenhaus. Wir wissen inzwischen ja, warum – Kinder aus Waisenhäusern

werden relativ einfach in russische Waisenhäuser transportiert und dort dann zur Adoption an Russen freigegeben. Er hat auch seinen älteren Bruder angerufen. Lukas hatte aber keine Papiere. Nur Gott weiß, warum. Ich wohne in der Nähe der Großmutter in Cherson und bekam die Umstände mit, unter denen Lukas zu seiner Großmutter sollte, weil ich mit der Familie befreundet bin.

Es ist eine so gemeine, hinterlistige Art, Kinder, die vom Leben eh schon benachteiligt sind, auch noch wie Freiwild zu behandeln, indem sie wie eine Ware, quasi zur freien Verfügung, in ein anderes Land transportiert werden. Von wo wurde Lukas dann in ein Camp gebracht?
Lukas ging auf ein College in Cherson. Dorthin kamen russische Soldaten und sagten, sie würden die Kinder auf die Krim bringen, dort würde es ihnen besser gehen und sie könnten sich von allem ein paar Wochen erholen. Er wollte nicht gehen. Die Soldaten machten unmissverständlich klar, dass es keine Wahl gab. Er konnte gerade noch seine Großmutter, mich und Maksym, seinen älteren Bruder, anrufen, um uns zu informieren. In der Zwischenzeit, in der Lukas im College war, war es sowohl mir als auch seiner Großmutter sowie Maksym und einer anderen Tante gelungen, nach Deutschland zu flüchten. Lukas konnte nicht mit, weil er noch immer hoffte, seine Papiere aus dem Waisenhaus zu bekommen. Er wohnte bei Freunden und ging weiter aufs College.

Seine Familie ist also in Deutschland …
Ja, sie konnten inzwischen für drei Wochen zurückkehren, aber dann mussten sie wieder nach Deutschland zurück, damit sie ihren Aufenthaltsstatus nicht verloren.

Haben sie versucht, ihn zu finden?
Ja, aber sie hatten keinen Erfolg.

Du bist inzwischen vom FSB verhört worden, weil du versucht hast, Lukas zu finden.
Ja. Am Moskauer Flughafen. Ich hatte große Angst, dass ich ins Gefängnis muss. Zwei Tage wurde ich am Flughafen festgehalten. Ich wurde behandelt, als hätte ich ein Verbrechen begangen. Man drohte mir damit, dass man mich für 15 Jahre ins Gefängnis stecken würde, wenn ich nicht kooperiere. Und wir alle wissen, dass das in vielen Fällen keine leere Drohung ist. Ich wurde quasi auf den Kopf gestellt, auch immer wieder gefragt, warum ausgerechnet ich einreisen wollte, was ich mit dem Jungen, den ich abholen wollte, zu tun hätte. Ich hatte ja keine Papiere für ihn, nur Dokumente, die besagten, dass ich sein Vormund bin. Die hatte ich mir vorher besorgt. Nach den zwei Tagen, ich habe nicht geschlafen, wurde ich nach Minsk geschickt. Dort wurde ich wieder verhört, aber ich habe keine Ahnung, was das für Leute waren, sie haben sich nicht vorgestellt. Polizei, Security, Sicherheitsdienst – keine Ahnung. Aber sie drohten mir, mich an einen Lügendetektor anzuschließen. Ich wurde gefragt, mit wem ich auf der Reise Kontakt hatte. Ich habe wahrheitsgemäß geantwortet und gesagt, dass ein Journalist mich angesprochen habe, ich ihm aber nichts erzählt hätte. Die wissen ja sowieso alles, sie hatten mein Handy schon auf alle gelöschten Nachrichten und Kontakte untersucht. Ich bin gestorben vor Angst.

Wie kann man sich das vorstellen, wo wurdest du festgehalten? War das eine Zelle?

Sie wollten meine Dokumente gar nicht sehen, aber ich war unter ständiger Überwachung im Flughafen in Moskau. In Minsk war ich wohl in einem Polizeigebäude. Es stehen Wachen vor den Türen, man kann nicht abhauen. Letztendlich – und für mich auch irgendwie überraschend – wurde ich wieder nach Hause geschickt. Man teilte mir noch mit, dass Russland sowieso wieder in Cherson einmarschieren würde und auch, dass Russland bald in Polen einfällt.

Wo ist Lukas jetzt?

Ich habe keine Ahnung. Ich habe meine Telefonnummer ändern müssen, weil mein altes Handy komplett durchsucht worden war. Lukas' Tante und sein Bruder haben eine Voice-Message von ihm bekommen, er sagt darin, dass er Angst habe, in die Ukraine zurückzumüssen. Wir alle denken, dass er gezwungen wurde, das zu sagen. Er habe auch deswegen keine Lust in die Ukraine zurückzugehen, weil er dann zur Armee müsse, da er inzwischen ja 18 geworden sei, und er wolle nicht für die Ukraine kämpfen. Das ist natürlich totaler Blödsinn, so etwas würde Lukas nie sagen! Er sagte außerdem, er würde in Russland jetzt eine schöne Wohnung und eine Menge Geld bekommen und er wolle bleiben. Ich bin mir hundertprozentig sicher, dass er gezwungen wurde, das zu sagen. Im Hintergrund hat jemand geflüstert – ganz sicher das, was Lukas sagen sollte! Ich meine, vor ein paar Wochen noch hat er sehnlichst darauf gewartet, dass ich ihn abhole. Seine Nachricht kam übrigens genau in der Zeit bei seinem Bruder an, als ich von den russischen und den belarussischen Behörden festgehalten und verhört wurde ...

Wir wissen noch immer nicht, wo Lukas ist. Er ist inzwischen 18 und volljährig, er könnte gehen, wohin er will. Es ist jedoch zu befürchten, dass Lukas zu denen gehört, die zum Dienst in der russischen Armee verpflichtet wurden. Seine ganze Familie ist hochgradig besorgt. Lukas, wenn du das liest, bitte melde dich!

Masha, 16 Jahre

Schülerin an einem technischen College, wohnt allein

Heimat: Cherson

Die junge Frau ist zum Zeitpunkt des Gesprächs im Hope & Healing Center in Kyiv.

»Henitschesk war
der Horror«

Masha geht auf eine technische weiterführende Schule, als ihre Odyssee beginnt. Sie lebt mit anderen Schülern und Studenten in einer Wohngemeinschaft. Eines Tages wird ihr angeboten, eine Reise auf die Krim zu machen, einfach so, und weil sie gut in der Schule ist, und weil alle Jugendlichen dringend Erholung bräuchten. Kurz darauf, als nicht alle sofort sagen, dass sie sich nichts Schöneres vorstellen können, als auf die Krim zu reisen, wird Phase 2 eingeläutet: Wer nicht mitkommt, wird bestraft. Wie bestraft? Wofür bestraft?

Masha ist nun wirklich kein Mädchen, das sich schnell einschüchtern lässt. Würde sie sonst – mit 16 – in einer WG wohnen? Sie hatte das selbst entschieden, und nach vielen Diskussionen erklärte sich ihre Mutter schließlich einverstanden, denn das College war am anderen Ende der Stadt, und Masha hatte keine Lust auf die Pendelei. Vor allem hatte sie Lust auf etwas Neues. Sie weiß schließlich selbst am besten, was gut für sie ist.

Die Drohungen seitens des Militärs werden drastischer, von »im Keller einsperren« ist die Rede, und die Direktorin der Schule hat ebenfalls gesagt, dass die Kinder diese Reise machen sollten. Sie arbeitete ganz sicher mit den Besatzern zusammen, es ist Masha wichtig, das zu ergänzen, ihr Gesicht verzieht sich dabei vor Verachtung, als sie ihre Geschichte erzählt. »Sie hat uns vor vollendete Tatsachen gestellt, ›Packt eure Sachen und keine Widerrede‹, hieß es.« Sie hatte keine Möglichkeit, ihre Mutter zu informieren, obwohl sie in der derselben Stadt wohnte, nur eben am anderen Ende der Stadt. »Wir hatten keinen Streit oder so, es war technisch nicht möglich – es gab zu diesem Zeitpunkt einfach keine Verbindung per Telefon.« Masha wurde also in ein Camp gebracht, ohne dass sie vorher zu Hause Bescheid sagen konnte. Sie hatte ihre Mutter bereits seit Kriegsbeginn nicht mehr gesehen. Es war einfach zu gefährlich, sich in in seinem unmittelbaren Umfeld zu bewegen. Und selbst als einmal eine Bombe direkt neben ihrer Schule explodierte, war es immer noch besser, sich in seinem nächsten Umfeld zu bewegen als weiter weg.

Eigentlich fühlte Masha sich sicher dort, sie kannte die Umgebung, sie ging ja auch schon vor dem Krieg auf dieses College. Selbst ihre Direktorin war schon vor dem Krieg dort gewesen – nur verhielt sie sich einfach ganz anders, sobald die russische Invasion begonnen hatte.

Im September 2022 packte Masha also ihre Sachen, genau wie ihre Mitschüler. Im Mai 2023 kehrte sie zurück. In der Zwischenzeit war das 15-jährige Mädchen, das während der Zeit ihrer Deportation 16 wurde, in mehreren Camps: Zwei Monate in einem Camp bei Jewpatorija, dann einen Monat in einem weiteren, und dann wurde sie nach Henitschesk gebracht.

Dort blieb sie fünf Monate. Während schon das erste »Camp« nicht wie ein übliches Ferienlager anmutete, war das letzte, in dem sie die meiste Zeit verbrachte, nochmal anders, noch strenger. Es schien so, als käme man hier nie wieder raus.

In den ersten beiden Camps war alles ein bisschen dreckig, oll, verwahrlost, aber es war immer noch entspannt, das Essen o. k., und im Vergleich zu später wurden die Kinder einigermaßen gut behandelt, obwohl sie auch dort schon dazu angehalten wurden, jeden Morgen die russische Nationalhymne zu singen. Im letzten Camp waren die äußeren Bedingungen dann besser, alles wirkte neuer, aber dafür wurde es psychisch und emotional immer anstrengender.

Alles Ukrainische war verboten, es wurde mit dem Keller gedroht, man durfte nicht mal Socken in Gelb und Blau tragen, im Januar wurde damit angefangen, den Kindern einzutrichtern, dass niemand sie abholen würde – und wenn das so ist, »dann werdet ihr in ein Waisenhaus gesteckt oder in eine psychiatrische Klinik«. »Henitschesk war der Horror«, sagt Masha.

Der Keller: Er kann Schutz bedeuten, vor Bombenangriffen zum Beispiel, aber er kann auch bedeuten, dass man dort im Dunkeln, eingeschüchtert und verängstigt, mit jeglichen Formen von Gewalt konfrontiert wird. Es gibt Kinder, die dort geschlagen wurden, es gibt welche, denen wurden Schläge »nur« angedroht, andere Kinder wurden so lange verbal bearbeitet, bis sie zu allem Ja und Amen sagten.

Manche Kinder blieben eine Weile im Keller, andere kamen nicht mehr raus. Noch ein paar andere wurden von dort direkt in eine Klinik gebracht. Der Keller bedeutet nichts Gutes in den Erzählungen der Kinder, und er kommt immer wieder darin vor, wie in einem sehr schlechten Film. Nur, dass es kein Film ist.

Die Bedrohung wurde greifbarer, sie hing ständig in der Luft. Masha hatte oft Angst. Sie hatte das Gefühl, dass sie nicht mehr in die Ukraine zurückkommen, ihre Familie nie mehr wiedersehen würde. Den Kindern wurde permanent eingetrichtert, dass dort sowieso keiner mehr sein würde – und schon gar keiner, der auf sie wartete.

Die Nachrichten aus Cherson waren zermürbend: Den Kindern wurde eingeredet, dass die Menschen dort sie als Verräter betrachteten. Mashas Selbstbewusstsein bröckelte, sie hoffte nur noch, dass alles bald zu Ende sein würde, wie auch immer. Es machte ihr zu schaffen, dass sie nicht mehr sagen konnte, was sie dachte. Ihr größter Wunsch war es, nach Hause zurückzukehren – aber sie hatte auch Angst davor: Wie würde sie dort empfangen werden?

Sie hatte über Monate hinweg überhaupt keinen Kontakt zu ihrer Familie und zu Freunden. Erst kam die Verbindung nicht zustande, dann wurde ihr Handy zerstört. Masha hätte genauso gut auf dem Mond leben können. Weiter weg von zu Hause als in einem Lager, in dem Kinder auf keinen Fall gefunden werden sollen, kann man nicht sein.

»Ich wurde gefragt, warum ich mit meinem Handy, solange es noch funktioniert hat, keine Fotos gemacht habe. Sehr witzig! Erstens hätte man erwischt werden können, und zweitens habe ich immer daran denken müssen, was meine Leute sagen, wenn sie eines Tages Fotos auf meinem Handy sehen, auf denen ich vielleicht ausnahmsweise mal lache. Oder mit Freunden zusammen bin. Wie sähe das aus?« Mashas Stimme wird lauter, grundsätzlich erzählt sie sehr vorsichtig, fast scheu. Nur an ihren Gesichtszügen erkennt man manchmal, dass sie sich früher garantiert nicht die Butter vom Brot hat nehmen lassen.

10.000 Kinder waren in einem Camp, schätzt sie. Das mag zu viel sein, aber ihr kam es so vor. Sie wohnte in einem Zimmer, in dem zwei bis drei Kinder schliefen, streng nach Jungen und Mädchen getrennt. Das Essen war erstaunlich o. k., sie hatten sogar Unterricht. Auf Russisch natürlich. Der Tagesablauf war eng getaktet: um sieben Uhr aufstehen, Nationalhymne singen, dann Aktivitäten, Sport, Singen, Essen, Lernen, Sport, Singen, Essen, Lernen. Um 23 Uhr wurde das Licht ausgemacht.

Warum eigentlich immer nach Henitschesk? Aus Gründen der Logistik, glaubt Masha. Aus den ersten Camps wurden einige Kinder abgeholt, das heißt, neue Gruppen konnten nachrücken, die anderen wurden ins nächste Camp gebracht, und dann wieder ins nächste. Das war dann letztendlich Henitschesk, früher eine Art Erholungsanlage für Tausende von Menschen, die als Ferienareal genutzt wurde. Das heißt, für diese Kinderlager wurde nichts neu gebaut, es gibt genug Möglichkeiten, in diesen Gegenden Menschenmassen unterzubringen.

Die Anlagen gehörten früher oft Firmen oder Kombinaten, manche sahen allerdings so aus, als hätte dort 300 Jahre lang niemand gelebt. An dieser Stelle muss Masha das erste und einzige Mal ein bisschen lachen, als sie davon erzählt. Es war kalt, es zog ständig, der Winter kam, die Heizungen funktionierten nicht, sie mussten das anziehen, was ihnen hingelegt wurde, die Decken waren hart und eklig: »Wir hatten keine Laken, widerliche Kissen. Das Merkwürdigste war aber, dass wir uns die Duschen mit den Jungs teilen mussten, das heißt, es entbrannte ein Kampf um das warme Wasser.« Nach einer Weile sorgte die Camp-Leitung dafür, dass Jungs und Mädchen abwechselnd mit dem Duschen dran waren, so kam etwas Struktur in die Sache. Wer zu spät zum Essen kam, musste den Boden schrubben.

Es klingt nach dem Alltag in einem Arbeitslager. Wenn sie nicht gehorchten, machten die Lehrer sie runter. Sie nannten sie »Untermenschen«, »Loser«, »Versager«, sie lachten die Kinder aus, sie sagten ihnen, dass sie nichts wert wären. Kann man sich das vorstellen? Ein Kind systematisch fertigzumachen? Stellen Sie sich vor, einem Kind, Ihrem Kind, wird gesagt, dass es nichts wert sei, dass es nichts könne, niemals etwas können würde, zu nichts zu gebrauchen sei – einem Heranwachsenden wird das gesagt. Einem Menschen, der normalerweise ausgebildet wird, der geliebt wird, der angespornt wird zu besseren Leistungen, der Bitte und Danke sagen und mit Messer und Gabel essen kann. Diesen jungen Menschen wurde – und wird zur Stunde noch immer! – eingeredet, dass sie nichts weiter wären als Scheiße.

Diese Kinder werden gefoltert, man kann es nicht anders nennen. Ihnen wird gesagt, dass ihre Familien Nazis und dass Ukrainer faul seien, deswegen würden sie ihre Städte auch nicht mehr aufbauen, und es würde rein gar nichts geben, wohin diese Kinder zurückkehren könnten. Im reichen Russland dagegen ist alles ganz anders, viel besser! Es fehlen einem die Worte, um zu beschreiben, WIE grausam, gemein und heimtückisch die Methoden der Leute sind, die Kindern so etwas antun.

»Ich habe schließlich im Lager eine Freundin gefunden, sie wurde zu meiner Hoffnung, meiner Familie. Aber generell war es furchtbar anstrengend, mit so vielen anderen Jugendlichen zusammen zu sein, unter diesen Bedingungen. Einmal habe ich beobachtet, wie ein paar andere abhauen wollten. Es ging nicht gut aus.« Masha stockt zum ersten Mal, als sie uns von diesen Erlebnissen erzählt. Mehr möchte sie dazu nicht sagen.

110

Als es einigen Eltern gelungen war, bis nach Henitschesk zu kommen, war es die erste Gelegenheit für Masha, mit ihrer Mutter Kontakt aufzunehmen, weil sie endlich Zugriff auf ein Handy hatte. Ihre Mutter sagte ihr, dass sie kommen und sie holen würde. Masha schöpfte neue Hoffnung, aber sobald die Erzieher Wind davon bekamen, fingen sie an, Masha zu bearbeiten: »Du bist so dumm, das glaubst du? Deine Mutter müsste durch halb Europa reisen, um hierher zu gelangen, das macht sie niemals.« Masha war irgendwann fast so weit, ihnen zu glauben, zu irreal erschien ihr der Gedanke, dass ihre Mutter nach einem halben Jahr plötzlich bei ihr auftauchen sollte. Aber ihre neue Freundin stand ihr bei und half ihr, die Hoffnung zu bewahren.

Ihre Mutter versuchte in der Zwischenzeit alles Menschenmögliche, um ihre Tochter zu finden. Sie besorgte sich einen Reisepass, sie holte sich Hilfe, sie versuchte alles, um endlich an ihre Tochter heranzukommen. Mit Erfolg.

Masha glaubt, dass es für ihre Mutter härter war als für sie. Im April sahen sie sich endlich wieder, Mashas Mama holte ihre Tochter, wie versprochen, aus Henitschesk ab. Das Mädchen will nun in Kyiv bleiben und das College beenden.

Masha wird in Zukunft wahrscheinlich länger brauchen, sich jemandem anzuvertrauen. Ihre mentale Gesundheit ist angeschlagen, sie ist gestresst, erschöpft und nervös. Sich jemandem zu öffnen, muss sie erst wieder lernen. Aber sie ist auch eine sehr starke, stolze Persönlichkeit, die es geschafft hat, dem Horror zu entkommen. Sie ist ein

*»Survivor«! Deswegen wird Masha es packen! Im Hope &
Healing Center von Save Ukraine hat sie die besten Vor-
aussetzungen, wieder fit zu werden. Hier bekommt sie
professionelle Hilfe, aber auch der Austausch mit den
anderen Jugendlichen, die zurückgebracht wurden, hilft
ihr bei der Bewältigung ihres Traumas.*

Lyubov, 16 Jahre

Lyubov ist momentan in Kyiv im Hope & Healing Center von Save Ukraine. Sie wurde im November entführt und am 19. Mai von ihrer Mutter aus Henitschesk abgeholt. Ihre Mutter ist zum Zeitpunkt des Interviews zurück in Cherson bei Lyubovs jüngerem Bruder und ihrem Mann, wir sprachen uns genau in der Zeit, als Cherson überflutet war wegen der Sprengung des Kachowka-Staudamms. Lyubov möchte Fotografie studieren.

Ich erinnere mich nicht mehr

»Ich habe nicht mehr zu Hause gewohnt. Ich habe bereits allein gelebt, studiert und nebenbei gearbeitet. Eines Abends wurden meine beste Freundin Anja und ich zu einer Geburtstagsparty nach Henitschesk eingeladen. Das liegt östlich des Flusses Dnipro, der noch immer von den Russen besetzt ist. Cherson liegt ja auf der rechten Seite des Dnipro. Die Region Cherson ist frei, aber das linke Ufer ist noch besetzt.

Zum Zeitpunkt des Geburtstagabends waren beide Seiten okkupiert. Als wir von der Party nach Hause zurückwollten, wurden wir am Checkpoint nach unseren Papieren gefragt, die wir aber nicht dabeihatten. Wir konnten nicht nach Hause und wurden beschuldigt, der ukrainischen Armee Informationen über russische Standorte zu liefern. Wir wurden verhaftet, auf die Polizeistation gebracht und verhört. Wir lachten zuerst, weil wir das alles für einen Witz hielten, es war aber ganz schnell gar nicht mehr witzig. Die Typen nahmen uns auch unsere Handys ab. Natürlich hatten wir keine Pässe oder andere Ausweisdokumente dabei, wir wollten ja nur auf eine Party in der Nachbarschaft. Wir wurden zwei Wochen in Hausarrest festgehalten, in der Wohnung, in der die Party stattgefunden hatte.

Man sagte uns, wenn wir Fotos oder Kopien von unseren Pässen schicken lassen würden, dann könnten wir gehen. Die Kopien kamen, wir blieben. Die Mutter meiner Freundin konnte schließlich ihre Tochter abholen, sie wollten nach Deutschland, ich blieb dort. Das war schon okay für mich, ich habe mich für sie gefreut.

Ein Polizeibeamter, teilte mir dann mit, dass er nach einer Familie Ausschau gehalten habe, die mich adoptieren würde. Und er sagte mir, dass er eine gefunden habe. Diese Familie habe bereits sieben Kinder, und ich hätte nun eine Woche Bedenkzeit, um zu entscheiden, ob ich dorthin wollte oder nicht.

Ich fand das sehr, sehr unheimlich. Ich hatte meiner Mutter immer noch nicht Bescheid geben können. Nach ein paar Wochen gelang es mir, mir ein neues Handy zu besorgen, und ich habe meinem jüngeren Bruder auf Telegram schreiben können. Zumindest wusste meine Mutter nun, wo ich war und dass ich noch lebte. Die Eltern von dem Mädchen, das mich und meine Freundin zu der Party eingeladen hatte, versuchten auch einiges, um in Kontakt mit meiner Mutter zu treten, aber sie schafften es nicht, nicht mal per Viber.

Ich kann mich nicht mehr an vieles aus dieser Zeit erinnern. Es ist aber nichts wirklich Schreckliches geschehen, ich wurde nicht geschlagen oder so. Die Polizei kam immer wieder vorbei und hat alles gecheckt, es war irgendwie total psycho. Dieser Polizei-Typ tauchte immer wieder auf und sagte mir, was ich alles zu tun hätte bei den Leuten, bei denen ich in der Wohnung festgehalten wurde, Boden wischen, Klo putzen und so weiter. Das war einerseits lächerlich, andererseits aber auch beängstigend. Ich bin ja keine Sklavin.

Aber am meisten Angst machte es mir, als ich nach Henitschesk gebracht wurde. Man versprach mir ein Stipendium, eine Wohngemeinschaft, es war aber alles ganz schrecklich dort. Ich habe einzig und allein daran gedacht, wann ich endlich wieder nach Hause kommen würde.

Eine Freundin hatte mir schon davon erzählt, dass sie dort eine Ausbildung zur Konditorin macht, ob ich nicht auch Lust darauf hätte. Als Erstes habe ich in Henitschesk aber eine Art Farbenflash bekommen, denn überall waren russische Flaggen, und wo keine Flaggen waren, waren die Farben der russischen Flagge. Es war wie in einem schlechten Traum, in dem ein Trickfilm läuft. Aber immerhin habe ich mit netten anderen Mädchen in einem Zimmer gewohnt, das war cool.

Am 9. Mai, am ›Tag des Sieges‹ über NS-Deutschland im Zweiten Weltkrieg, mussten wir schwarz-orange Bänder in der Stadt verteilen, als Symbol des russischen Nationalbewusstseins. Das war aber nicht alles, wir mussten auch so bekloppte Westen anziehen, auf denen stand: ›Volunteer of Victory‹. Also ich war plötzlich eine Helferin, auch noch eine angeblich freiwillige Helferin, bei einem Sieg, mit dem ich so absolut gar nichts zu tun hatte. Es wurde außerdem so getan, als hätte Russland die Ukraine besiegt. Man hat Fotos von uns gemacht und sie im Internet verbreitet. Ich bete, dass die niemals jemand sieht, den ich kenne.

Im Rahmen dieser Feierlichkeiten hat eine von uns dann gerufen, weil sie in einer übermütigen Stimmung war und weil sie mal Dampf ablassen musste: ›Freiheit für die Ukraine‹, und man drohte ihr, sie in einen Keller zu bringen, aus dem sie möglicherweise nie wieder rauskäme.

Sie haben auf uns eingeredet, vor allem, nachdem sie

irgendwie mitbekommen hatten, dass meine Mutter mich abholen würde, sie haben behauptet, dass die Ukraine bald ausgelöscht sein würde, dass Cherson dem Erdboden gleich gemacht oder russisch sein würde, dass die ukrainische Sprache eigentlich nicht existierte.

Einer von den Jungs, der keine Lust hatte, die russische Nationalhymne zu singen, wurden dermaßen zusammengeschlagen, dass er von oben bis unten mit blauen Flecken übersät war. Er blieb für zwei Wochen verschwunden, seine Finger waren gebrochen.

Dann, eines Tages, wurden wir gewarnt: Bei allen, die nicht spätestens nach sechs Monaten abgeholt würden, könnte es gut möglich sein, dass sie nach Moskau geschickt würden und von dort in ein Waisenhaus kämen. Alle Eltern würden damit die Erziehungsberechtigung für ihre Kinder verlieren. Als klar war, dass meine Mutter meine Abholung mithilfe von Save Ukraine in die Wege leitete, wurde ich noch mal besonders hart rangenommen: Sie sagten mir so lange, bis ich es fast glaubte, dass ich ein Nichts wäre, dass meine Mutter kein Geld für die Reise hätte, um mich abzuholen, und sie gaben mir nur noch schlechte Noten in der Ausbildung. Was mir aber egal war, ich meine, wen interessieren diese Noten? Als meine Mutter mich abholte, nach über sechs Monaten, konnte ich meine Gefühle kaum beschreiben. Ich beschreibe meine Gefühle im Moment aber auch nicht besonders gerne.

Eines Tages tauchte Marija Lwowa-Belowa in dem Camp auf – sie hatte Unterlagen dabei, womit sich die Jugendlichen für ein Studium bewerben konnten. Man solle die Papiere ausfüllen, und um den Rest würde sie sich kümmern. Das Ding ist, dass man Marija Lwowa-Belowa fast alles abnehmen möchte, was sie sagt: Sie wirkt wie eine offene, charmante Frau, der man einfach vieles glauben möchte. Dabei ist die russische Kinderrechtsbeauftragte eine Verbrecherin!«

Anmerkung: Lwowa-Belowa spricht sehr gerne davon, dass Russland im Rahmen einer »Spezialoperation« an die 730.000 Kinder aus dem Osten der Ukraine »aufgenommen« hat. Die Zahlen aus Kyiv sprechen eine andere Sprache und stellen Lwowa-Belowas Zahlen 20.000 Kinder gegenüber.

»Aus dieser Ausbildung, um es kurz zu machen, wurde nichts, die Dame ließ sich auch nie wieder blicken. Aber eines muss ich noch sagen: Natürlich sind auch ›bloß‹ 20.000 Kinder 20.000 Kinder zu viel. Ich weiß das, denn ich war eins davon.«

Lyubov will auf keinen Fall alles von dem Camp erzählen, sie will diese Zeit schnellstmöglich hinter sich lassen. Zur Not stopft sie ein paar Erlebnisse in große, tiefe Schubladen in ihrem jungen Kopf, die erst zu einem späteren Zeitpunkt wieder geöffnet werden können. Hoffentlich sehen wir eines Tages Fotos, die Lyubov gemacht hat, in einem Magazin oder online oder gar in einer Galerie. Ihr Gefühl dafür, im Camp lieber keine Fotos zu machen, prädestiniert sie in meinen Augen dazu, im richtigen Moment auf den Auslöser einer Kamera zu drücken. Genau in diesem Zeitraum begann die ukrainische Gegenoffensive. Russland ließ Leute aus Cherson nach Henitschesk rüber, machte es ihnen dann aber unmöglich, wieder zurückzugelangen. Sie nannten das »Evakuierung«.

Olena, Trauma-Psychologin mit besonderer Expertise für Kinder und Jugendliche

Olena ist seit Februar 2022 bei Save Ukraine tätig.

Die Psychologin: »Wir müssen neue Methoden entwickeln«

Unter welchen Umständen haben Sie bei Save Ukraine angefangen?
Olena: Es waren nicht gleich die Kinder, die deportiert und weggebracht wurden, ich hatte mit anderen Fällen zu tun, und die lassen sich in vier Gruppen einteilen: Familien, die als Ganzes evakuiert wurden. Dann Familien, denen die Kinder weggenommen wurden und die dann wieder zurückgekommen sind, dann die Kinder, die keine Familie haben, aber wenn sie 16 sind, für sich selbst entscheiden dürfen. Dann habe ich mit Kindern gearbeitet, in deren Familien es Behinderungen oder Einschränkungen unterschiedlichster Art gibt. Und ich habe mit Kindern gearbeitet, die sexuell missbraucht wurden. Inzwischen haben wir eine eigene Abteilung für die Kinder, die deportiert und zurückgebracht wurden. Und da arbeite ich jetzt hauptsächlich, seit vier Wochen. Außerdem bin ich dabei, wenn Kinder, die aus einem Lager zurückkommen, von den ukrainischen Behörden befragt werden. Da unterstütze ich die Kinder, weil das oft noch mal hart ist für sie, wenn sie dann endlich zurück sind. Aber es gehört einfach zum Ablauf dazu herauszubekommen, was den Kin-

dern angetan wurde. Die Täter sollen später dafür bestraft werden, deswegen brauchen wir jede auch noch so kleine Information.

Was wollen die Behörden von den Kindern erfahren?
Sie wollen wissen, wie das Kind behandelt wurde. Ob es geschlagen wurde oder ob es einem Brainwashing ausgesetzt war. Sie wollen Namen wissen. Sie wollen das alles wissen, damit sie nach dem Krieg die Täter finden und bestrafen können. Sie wollen jedes Detail. Und wenn die Kinder sich an Einzelheiten erinnern, dann ist das sehr schmerzhaft für sie. Deshalb bin ich dabei – um dem Kind die nötige Ruhe zu verschaffen.

Wie sieht die Rechtslage in der Ukraine aus?
Es ist ein Verbrechen, einer Familie ein Kind wegzunehmen, es zu deportieren und die Vereinigung der Familie zu verhindern, um es kurz zu fassen. Nach ukrainischem Recht ist Deportation ein Straftatbestand.

In welchem Zustand kommen die Kinder im Hope & Healing Center an?
Die Kinder sind in den unterschiedlichsten Verfassungen, es kommt ganz darauf an, was sie erleben mussten, wie lange sie weg waren und auch, unter welchen Umständen sie deportiert wurden. Es ist eine Sache, ob Eltern zum Beispiel der Schule eine Erlaubnis erteilt haben, ihre Kinder für zwei Wochen in die »Ferien« mitzunehmen, oder ob sie mitgenommen wurden, ohne dass die Eltern davon wussten. Es hängt davon ab, ob aus den zwei Wochen sechs Monate wurden, ob die Kinder Kontakt zu ihren Familien hatten oder vollkommen isoliert waren, es gibt so viele

unterschiedliche Varianten. Dann haben wir Kinder, die während ihrer Aufenthalte in den Camps in psychiatrische Kliniken gebracht wurden – also sind auch die Auswirkungen auf die Kinder total unterschiedlich. Manche können damit besser umgehen, andere schlechter.

Es gibt auch Kinder, die versuchen, das alles zu negieren, die wollen gar nicht darüber sprechen. Und es gibt welche, die sagen, es sei alles gar nicht so dramatisch gewesen. Es hängt immer ein bisschen davon ab, aus was für einem Elternhaus sie kommen, ob die Eltern nicht vielleicht doch ein bisschen pro-russisch eingestellt oder absolute Ukraine-Anhänger sind. Und dann gibt es auch Kinder, die das alles als Abenteuer ansehen oder Jugendliche, die froh sind, dem Einflussbereich ihrer strengen Eltern entfliehen zu können. Erst mal … Die haben sich dann gesagt: ›Was soll's, hör ich mir die blöde Nationalhymne halt an, summe mit, dann ein bisschen Unterricht, und dann hab ich frei.‹

Werden diese Erfahrungen die Kinder früher oder später einholen?
Wahrscheinlich ja. Ihnen wird irgendwann klar werden, was sie da wirklich erlebt haben. Das Elternhaus gibt einem normalerweise ja Halt und Schutz, und das sind zwei Grundpfeiler, die den Kids entzogen wurden – für eine ganze Weile. Das wird einigen Kindern erst später richtig klar werden. Manche tun natürlich ganz cool, das ist typisch für Teenager, aber niemand kann mir erzählen, dass er nicht mal geweint oder sich nach Nähe gesehnt hat, einfach mal in den Arm genommen werden wollte.

Die meisten werden sich doch als Opfer sehen, auch wenn man nicht gern Opfer ist?

Ja, ich hab bisher nur zwei Fälle erlebt, wo Jugendliche und ihre Familien sich geweigert haben zuzugeben, dass sie schlecht behandelt wurden oder dass ihnen ein Unrecht geschehen ist. Aus welchen Gründen auch immer sie das leugnen ...

Was ist die größte Herausforderung, vor der Sie bei Ihrer täglichen Arbeit stehen?

Vertrauen aufzubauen. Die Kinder haben ihr Vertrauen in dem Moment verloren, in dem sie ihren Eltern weggenommen wurden, auf welche Art auch immer. Das Vertrauen, das zu den Grundfesten ihres Alltags gehört, ist weg. Und dann werden sie auch noch bearbeitet in den Camps. Man verlangt fast Unmenschliches von so jungen Menschen, wenn man von ihnen Stärke erwartet. Meine Aufgabe besteht vor allem darin, Brücken zu bauen. Damit ich einen Zugang zu den Kindern finde und das verloren gegangene Vertrauen wiederherstellen kann. Sehr, sehr behutsam, langsam und jeden Tag ein bisschen mehr komme ich so an die verletzten Seelen heran, und sie fangen an, mit mir zu sprechen.

Haben Sie ein Beispiel?

Ja, der kleine Junge, erst acht Jahre alt, der ein paar Mal in die psychiatrische Einrichtung eines Camps geschickt wurde – ich glaube, Sie haben mit seinem Vater gesprochen –, der öffnet sich jeden Tag ein bisschen mehr. Und jeden Tag, an dem er sich an etwas erinnert, kommen neue Geschichten in ihm hoch. Er braucht einfach Zeit. Er kann sich nicht an alles auf einmal erinnern.

Sie meinen, die Kinder können sich nicht an alles erinnern

und müssen ein paar Dinge einfach ganz tief in sich verpacken?
Ja. Das Unterbewusstsein spielt eine große Rolle. Es blockiert einige Gedanken und Erlebnisse, es setzt andere Vorgänge frei. Wir haben es nicht im Griff oder in der Hand.

Verlieren die Kinder das Vertrauen in ihre Eltern nicht gerade dann, wenn diese die Erlaubnis für das Camp gegeben haben?
Die Kinder realisieren nicht unbedingt, dass sie ihr Vertrauen verloren haben. Sie haben nur eine Lücke: In der Zeit, in der sie weg waren, fehlte ihnen der Schutz, der normalerweise von ihrer Familie ausgeht. Einige reagieren nun aggressiver, einfach, weil diese Sicherheit weg war. Und dann kommt noch etwas hinzu: In fast hundert Prozent der Fälle fühlen sich die Eltern schuldig. Das überträgt sich auf die Kinder. Wir kennen das alle – wenn wir uns schuldig fühlen, neigen wir dazu, in den Angriffsmodus überzugehen und attackieren den anderen, bevor er oder sie es tut. Also mit dem Gefühl der Schuld müssen alle umgehen.

Funktioniert die Arbeit mit den Familien denn gut?
Na ja *(lacht)*, der Ukrainer ist nicht gerade, wie soll ich sagen, besonders offen für Therapieansätze. Man diskutiert Probleme höchstens in der Familie, aber ungern mit Fremden, was eine Psychologin ja nun mal ist. Sie müssen erst lernen, mit einer solchen Form der Schmerzbewältigung umzugehen.

Die Erwartungshaltungen auf beiden Seiten sind bestimmt riesig: Die der Kinder und die der Eltern, da kracht es

sicher oft. Wie stehen die Chancen, dass die Kinder, die so traumatische Erlebnisse hatten, wieder in ein möglichst normales Leben zurückfinden?
Wir müssen dranbleiben. Wenn die Kinder oder die Familien unsere Hope & Healing Centers verlassen, dann sollten sie sich an ihren Wohnorten Hilfe suchen, bei Kinderpsychologen, in Krankenhäusern oder bei Trauma-Spezialisten. Mir ist vollkommen klar, dass das nicht immer klappt, deswegen bieten wir unsere Beratungen auch online an. Wir haben eine Faustregel: So lange, wie das Problem existierte, so lange wirst du auch brauchen, um dich davon wieder zu erholen. Und je länger du mit der Behandlung wartest, desto länger wirst du auch brauchen, um dich zu erholen.

Wir arbeiten nach dem System Sicherheit und Schutz, Vertrauen und Grenzen setzen. Die Kids sind von anderen verletzt worden, das ist ein wirklich großes Stück Arbeit! Wir sehen aber Licht am Ende des Tunnels. Beim Aufbau setzen wir auf Vertrauen, dazu müssen wir aber auch der Gesellschaft vertrauen können, in deren Mitte wir leben. Der erste Schritt ist, bei den Kids ein Bewusstsein dafür zu schaffen, dass sie überhaupt Hilfe brauchen, dass sie mit diesen Problemen nicht allein fertigwerden können und es auch nicht müssen.

Was, wenn Kinder bereits schlechte Erfahrungen, auch mit Hilfsangeboten, gemacht haben?
Das gibt es tatsächlich, dass sich Schülerinnen und Schüler an die Vertrauenslehrer oder die Schulpsychologen wenden und dann weinend aus dem Gebäude rennen, weil diese mit anderen darüber geredet haben. Da muss noch viel getan werden. Es gibt Schüler, die ihre Schule gewech-

selt haben, weil ihnen alles so peinlich war. Psychologen müssen es teilweise neu oder dazulernen, mit Teenagern umzugehen. Sie müssen die Teenager quasi dazu animieren, mitzumachen, dann aber auch dichthalten können und wirklich als Vertrauenspersonen fungieren.

Gibt es gerade eine Art Expertenbildung in der Ukraine?
Fälle wie die von Kindern, die deportiert wurden und danach wieder zurückkommen in die Gesellschaft, gibt es ja, vor allem in dieser Zahl, sonst nirgendwo auf der Welt.
Ich habe für die UN das Thema »Geschlechter-Sozialisation bei Jugendlichen« bearbeitet. Ich habe mit Kindern gearbeitet, die durch die Trennung ihrer Eltern hervorgerufene traumatische Erlebnisse verarbeiten mussten, und ich muss tatsächlich ganz neu an die jetzigen Herausforderungen herangehen. Wir müssen uns ständig weiterbilden, ja. Von außen sieht das vielleicht anders aus, aber wir müssen ganz stark die ukrainische Mentalität miteinbeziehen, wir ticken nun mal anders als der Rest der Welt *(lacht)*.

Die Familie ist noch immer der Dreh- und Angelpunkt, meist leben viele Generationen unter einem Dach. Da geht man nicht mal eben schnell zum Psychiater. Was wir alle verstehen müssen, vor allem die Kinder und ihre Familien: Es ist nicht ihr alleiniges Problem oder gar ihre Schuld, dass es so ist, wie es ist, es ist das Problem einer ganzen Gesellschaft, und das müssen wir gemeinsam lösen.

Werden die Probleme, die die Kinder jetzt haben, sie unter Umständen ihr ganzes Leben lang begleiten?
Unter Umständen ja. Deswegen müssen wir sofort lernen, damit umzugehen. Sie werden nicht ständig daran denken,

wie es »damals« war, aber es können sich Konflikte ergeben, die auf die jetzige Zeit zurückzuführen sind.

Zum Beispiel?
Vielleicht haben sie Schwierigkeiten, im Team zu arbeiten, Regeln zu befolgen oder allein zu sein. Wir müssen als Gesellschaft besonders aufmerksam sein gegenüber den Kindern. Wir müssen auf die Kinder achten, die gemobbt werden, wir müssen aber auch auf die Kinder achten, die mobben. Im Moment erleben wir alle eine nie dagewesene Flut von Horror, Schmerz, Verlust, Bildern der Zerstörung, wir verlieren Menschen. Wir sehen, was der Feind anrichtet, aber wir sehen den Feind selbst meist nicht, er ist eine Art unsichtbare Bedrohung. Es ist sehr schwer einzuordnen. Denn normalerweise sehen wir den Feind und das, was er anrichtet, persönlich. Im Krieg ist das anders. Das bedeutet, dass sich einige Menschen ihre Feindobjekte danach aussuchen, wer ihnen gegenübersteht. Und wenn das jemand ist, der sagt: »Ach, es war gar nicht so schlimm in dem Camp«, dann kann diese Person leicht zum Feind erklärt werden.

Darauf achten Sie bei Ihrer Arbeit im Hope & Healing Center sicher gerade ganz besonders …
Ja, und die Kinder können hierbleiben, solange sie wollen und unsere Hilfe in Anspruch nehmen. Sie können lernen, sie werden medizinisch betreut, wir gehen auf ihre Hobbys ein, aber wir versuchen natürlich, mit Lehrern und Ärzten in ihren Heimatorten in Kontakt zu treten, damit der Übergang für sie leichter wird, wenn sie nach Hause kommen. Manchmal suchen wir auch Arbeit hier in Kyiv für die Eltern, wenn sie bei ihren Kindern bleiben wollen. Wie

gesagt, online sind wir immer ansprechbar und wir werden niemals jemanden abweisen. Wir kümmern uns auch um die Eltern und geben ihnen gewissermaßen ein bisschen psychologisches Rüstzeug mit auf den Weg, damit sie ihre Kinder unterstützen können.

Und wie gehen Sie mit Ihren eigenen Gefühlen um?
Das ist wirklich schwierig. So etwas habe ich auch noch nie erlebt. Egal, wie viel man schon erlebt und was man schon alles gesehen hat, das hier liegt außerhalb jeglicher Vorstellungskraft. Auf der einen Seite versuchen wir natürlich, neue Methoden zu finden, um den Kindern zu helfen, auf der anderen Seite muss man sich auch um seine eigene emotionale Gesundheit kümmern. Es heißt ja, dass Psychologen ihre Themen nicht mit nach Hause nehmen und nicht zu nah an sich heranlassen sollen, aber ganz ehrlich: Ich weiß nicht, wie das gehen soll. Mit Kindern zu arbeiten, ist etwas völlig anderes als die Therapie von Erwachsenen. Wenn ich will, dass die Kinder mir vertrauen, dann muss ich offen sein für ihre Probleme, ich muss ihnen zeigen, dass ich auch Gefühle habe. Und wenn sie mir ihre Gefühle zeigen sollen, dann muss ich ihnen auch meine zeigen, um glaubwürdig zu sein. Ich weiß, dass das manche Kollegen anders sehen und auch anders arbeiten, aber ich kann das nur so.

Olena ist sichtlich bewegt, als sie von den Kindern spricht. Es wird noch eine Menge Arbeit auf sie und ihre Kollegen zukommen. Neue Therapie-Methoden zu entwickeln, wird das A und O dieser Arbeit sein, damit sie auch später, nach Kriegsende, wenn immer noch Kinder mit Traumata oder schrecklichen Erlebnissen nach Hause kommen, darauf zurückgreifen können.

Mutter Kateryna, 33, und Tochter Elizabeth, 9 Jahre

Das Mädchen wurde von einem Kollaborateur in ein Camp auf der Krim gebracht, nach Feodossija. Kateryna hat drei Kinder.

Der Feind in
deinem Freundeskreis

»Wir sind ursprünglich aus Cherson, mein jüngstes Kind wurde im November 2021 geboren, mein Sohn ist sieben und die Älteste neun. Sie ging auf eine Schule, wo sie unter der Woche auch wohnte. Sie kam nur am Wochenende nach Hause. Eine Woche, bevor der Krieg begann, zog ich mit meinen Kindern nach Winnyzja, weil ich Angst hatte, dass der Krieg beginnt, und weil ich schwanger war. Ich wollte meine älteste Tochter aber nicht von ihrer Schule nehmen, damit sie in ihrer Umgebung in Ruhe lernen kann. Es war eine Schule, für die ich nichts zahlen musste, und ich habe deswegen entschieden, dass mein Ex-Mann, der in der Nähe der Schule wohnt, sie am Wochenende zu sich holt und sie mir dann im Sommer bringt.

Das hätte auch alles so funktionieren können, aber er lebt leider inzwischen mit einer Frau zusammen, die ich meinen Kindern nicht zumuten möchte. Sie ist verrückt in meinen Augen, sie ist nicht nett zu den Kindern. Ich lasse sie nicht mehr mit meinen Kindern zusammen sein. Das heißt, dass die Kinder inzwischen auch keinen Kontakt mehr zu ihrem Vater haben.

In Cherson begann alles damit, dass die Stadt besetzt wurde und man keine Verbindung zur Außenwelt mehr herstellen konnte. Erst als die ukrainische Armee wieder zurückkehrte, konnten wir telefonieren und hatten wieder Internet. Ich hatte wochenlang keinen Kontakt zu meiner Tochter. Als wir endlich wieder sprechen konnten, habe ich an ihrer Stimme gehört, dass etwas nicht stimmte. Aber sie konnte oder wollte mir nicht sagen, was passiert war. Elizabeth ging immer noch in die Schule. Eines Tages, als wir wieder miteinander sprechen konnten, hat der Direktor angerufen und gesagt, ich soll sie abholen, denn es gibt ständig Bombenalarm und Angriffe auf die Stadt. ›Es wird zu gefährlich, wir müssen die Schule schließen!‹, schrie er ins Telefon. Mein Ex-Mann hat unsere Tochter dann abgeholt, die Stadt stand bereits unter Raketenbeschuss. Es war sehr gefährlich. Ich habe mit ihr telefoniert, als sie bei ihm zu Hause waren, und sie wirkte sehr verängstigt. Aber natürlich konnte sie nicht so richtig offen mit mir sprechen, weil ja die Freundin meines Ex-Mannes neben ihr saß und alles mitgehört hat.

Es begann alles so: Meine Tochter hatte eine Freundin. Die Eltern dieses Mädchens waren Kollaborateure, was wir anfangs natürlich nicht wussten. Eines Tages spielte Elizabeth mit ihrer Tochter bei ihnen, wir wussten ja nicht, was die im Schilde führten. Die Mutter des Mädchen rief dann abends an und sagte, lasst eure Tochter doch bei uns übernachten, es ist schon spät, und dann müsst ihr nicht durch die ganzen Checkpoints. Also das Normalste von der Welt, ein kleines Mädchen übernachtet bei ihrer Freundin – was kann daran schon falsch sein? Ein bisschen Normalität in diesen Zeiten erschien mir absolut wünschenswert. Man weiß nie, wie die Russen drauf sind, wenn sie betrunken sind, es ist einfach sicherer, wenn alle in ihren vier Wänden bleiben.

Als mein Ex-Mann Elizabeth am nächsten Tag abholen

wollte, haben sie ihn nicht in die Wohnung gelassen und ihn beschimpft. Er wäre ein Pädophiler, ein Perverser, einer, der sich an Kindern vergeht. Mein Ex-Mann war entsetzt und versuchte, in die Wohnung zu kommen, aber sie ließen ihn nicht rein. Im Hintergrund hörte er Elizabeth, die überhaupt nicht mehr wusste, wie ihr geschah. Er konnte nicht mit ihr sprechen. Er ging schließlich, kam aber wieder, doch immer wieder dieselbe Szene: Er wurde nicht hineingelassen. Es war klar, dass im Hintergrund der Wohnung noch andere Männer waren, gegen die er nicht angekommen wäre. Ich war nicht dabei, aber so, wie er es mir erzählt hat, hätte er keine Chance gehabt. Die anderen hätten auch bewaffnet sein können. Sie hätten unserer Tochter auch etwas antun können. Ich weiß auch nicht, ob diese Mutter von den Russen gezwungen wurde, sich so zu verhalten, oder ob sie das freiwillig tat. Ich weiß es einfach nicht.

Egal – die Eltern von Elizabeths Freundin arbeiteten mit den Russen zusammen. Die Mutter, Angela, fertigte Listen an mit den Namen von Menschen aus ihrem Bekanntenkreis, die sich gegen Russland und pro Ukraine ausgesprochen hatten. Sie gab die Namen weiter, und wir wissen inzwischen, dass einige dieser Menschen zu Tode geprügelt wurden. Andere wurden so schwer verletzt, dass sie behandelt werden mussten, weil sie ohne Ende Blut spuckten.

In dem Moment, als die ukrainische Armee zurück in Cherson war, war mir klar, dass ich mein Kind abholen musste, egal wie. Aber die andere Mutter, Angela, hatte ja ihre eigenen Pläne. Sie rief mich eines Tages an und sagte, sie würde fliehen und würde meine Tochter im Rathaus oder in einem Amt zurücklassen, ich solle sie dann dort abholen. Ich habe gesagt, gib mir die Kontaktdaten von dort. Sie sagte, erst, wenn du deinen Facebook-Post gelöscht hast! Ich hatte zwischendurch auf Facebook gepostet, mit einem Foto: ›Bitte lassen Sie diese Frau nicht entkommen, sie hat meine Tochter gestohlen!‹ Ich sagte, ich lösche das erst, wenn du mir die Kontaktdaten gegeben hast, denn ich hatte mir nicht mehr anders zu helfen gewusst, als die Öffentlichkeit einzuschalten. Sie drohte mir, aber ich blieb hart. Sie musste mir zuerst die Kontaktdaten des Ortes geben, wo ich Elizabeth abholen konnte. Ich konnte sie nicht zurückrufen, sie hatte eine russische Nummer, die blockiert war.

Angela war inzwischen also weg mit ihrer Tochter, und sie hatte meine Elizabeth an einem Checkpoint zurückgelassen. Eine Angestellte von der Stadt nahm Elizabeth dann mit, aber sie arbeitete ebenfalls mit den Russen zusammen. Sie brachte meine Tochter erst zu sich nach Hause und dann an einen Ort auf der Krim. Die Kleine hat eine echte Odyssee hinter sich. Am 31.12. 2022 las ich den Post von einer Valeria auf Facebook, in dem eine Person die Angehörigen von Kindern aus Cherson suchte. Ich war inzwischen wie ein Spürhund. Unter den Fotos war auch eines von Elizabeth und einem Jungen. Ein Helfer schickte mir dann eine Liste von Dokumenten, die ich brauchte, um sie abzuholen. Ich danke Save Ukraine von ganzem Herzen, dass sie mir geholfen haben, die Dokumente so schnell zusammenzubringen. Einen Reisepass hatte ich nämlich nicht.

Ich habe merkwürdige Erfahrungen in dieser Zeit gemacht: Auf der einen Seite haben Leute mir mein Kind weggenommen, auf der anderen Seite haben Menschen, die ich nicht einordnen kann und von denen ich dachte, dass sie ebenfalls mit den Russen kollaborierten, mir dann ein Handy geschenkt mit einer passenden SIM-Karte. Die Frau, die meine Tochter vom Checkpoint abholte, meine ich jetzt zum Beispiel. Ich glaube, der Krieg bringt alle Leute vollkommen durcheinander, und manchmal weißt du einfach nicht, auf welcher Seite du stehst.

In der Zeit, als Elizabeth verschwunden war, habe ich gedacht, dass ich verrückt werde. Ich habe nur funktioniert, weil ich noch zwei weitere Kinder habe. Die Reise, um sie abzuholen, war fürchterlich, die Rückreise noch schlimmer, weil ich mir solche Sorgen um Elizabeth machte, ich möchte nie wieder darüber sprechen. Ich glaube, dass diese Zeit die Seele meines kleinen Mädchens zerbrochen hat. Wir nähern uns wieder an. Ich meine, wir haben uns so sehr gefreut, dass wir uns wiederhaben, aber sie wirft mir bestimmt unbewusst vor, dass es so weit kommen konnte, und fühlt sich verraten. Ich sterbe vor Selbstzweifeln und Vorwürfen, dass ich nicht besser aufgepasst habe, dass ich sie in der Schule in Cherson ließ und umgezogen bin. Aber wir sind auf einem guten Weg. Ich habe Elizabeth eigentlich ständig auf dem Schoß, auch wenn sie nicht viel reden will. Diese Erfahrungen wünsche ich nicht mal meinem ärgsten Feind.

Kateryna ist eine Heldin. Sie ist eine alleinerziehende Mutter, die auch schon ohne Krieg ein bisschen überfordert war – wie man es immer ist, wenn man sich alleine um drei Kinder gleichzeitig kümmern muss. Sie hat mit allen Mitteln versucht, ihre kleine Herde zusammenzuhalten. Und dann der Krieg, das verschwundene Mädchen, der Ex-Mann mit einer neuen Frau an der Seite, die nicht gut

*für die Kinder ist. Der blanke Horror. Hoffentlich geht es
der Familie insgesamt bald besser.*

Großmutter Antonina,
Enkelin Anastasia, 12 Jahre

Heimat: Cherson.

Eine Großmutter, die Mutter, Vater und Omi in einer Person ist, wächst über sich hinaus.

Dinge, die nicht zu erklären sind

Die Geschichte beginnt im September 2022, Antonina ist eine richtig flotte Oma, wie man so schön sagt, gepflegt, blond, mit jugendlicher Ausstrahlung. Ihre Enkelin wohnt bei ihr. Nasti, wie sie natürlich genannt wird, ging zur Schule, die allerdings seit Anfang des Monats unter russischer Führung stand, wie in allen diesen Geschichten. Am 8. Oktober erhielt Antonina dann die Nachricht, dass die ganze Schule zur Erholung in ein Ferienlager gebracht worden sei. Einfach mir nichts, dir nichts. Die angekündigten zwei Wochen Aufenthaltsdauer stimmten natürlich nicht, es wurden sechs Monate daraus. Sie müssten die Papiere für die Reise unterschreiben, sagte man ihnen. Darüber waren die Familien in Nastis Klasse zwar nicht begeistert, aber vor Kurzem waren andere Kinder auf die Krim gefahren, um sie für ihre guten Leistungen in der Schule zu belohnen, und pünktlich wieder zurückgekommen. »Man setzte uns unter Druck und drohte mit Konsequenzen für die Kinder, die nicht mitführen«, erzählt Antonina.

»Nasti lebt bei mir, ich bin Vater und Mutter und Großmutter gleichzeitig. Sie können sich den Schock nicht vorstellen, als ich erfuhr, dass das Kind einfach irgendwohin transportiert werden soll, ich hatte von Anfang an kein gutes Gefühl!« Man hatte Antonina schon vorher gedroht, dass es keine so gute Idee sei, wenn man Kinder nicht zur Schule bringe. Sie übten eigentlich ständig Druck aus. »Sie«, damit meint Antonina die Schulleitung, die Lehrer. Antonina erzählt auch, dass die Eltern und die Kinder reingelegt wurden: Es hatten in der Zeit davor schon immer Reisen stattgefunden, von denen die Kinder pünktlich wieder zurückkamen. Man wollte die Familien in Sicherheit wiegen. Ein von langer Hand vorbereiteter Plan, etwas, von dem wir so vorher noch nicht gehört hatten. Wirkte bisher oft alles etwas übereilt und unorganisiert – an diesem Beispiel sieht man, dass dem nicht so ist. Sonst könnte man nicht Hunderte oder Tausende Kinder in Lager transportieren.

Es wirkte zunächst also alles ganz normal auf die Familien: Die Kinder waren in den Ferien, wenn sie auch vorher nicht darüber informiert worden waren, aber schließlich herrscht ja Krieg, und da gelten andere Regeln.

Als Anastasia nach zwei Wochen nicht zurückkam, wurde Antonina klar, dass etwas anderes im Gange war als ein Schulausflug oder eine Klassenreise. Immerhin konnte sie mit ihrer Enkelin telefonieren, das Mädchen war total verängstigt und bat ihre Oma, sie doch bitte schnellstmöglich abzuholen. »Irgendwas stimmt hier nicht«, sagte Nasti ihr am Anfang, um dann später konkreter zu werden: Den Kindern wurde erzählt, dass sie nicht mehr nach Hause zurückkehren, sondern nach Russland gebracht und dort zur Adoption freigegeben würden. Nasti war verzweifelt. Und Antonina ebenso.

Sie tat sich mit anderen Eltern zusammen, die nach einer Lösung suchten, wie sie ihre Kinder wieder nach Hause bekämen. Antonina konnte sich direkt an Save Ukraine wenden, die Nummer hatte sie von ihrer Enkelin bekommen. Einige andere Eltern hatten es bereits geschafft, herauszufinden, wo und wie sie ihre Kinder abholen konnten, und die Nummer von Save Ukraine machte die Runde unter denen, die noch dableiben mussten. »Ich bin sehr stolz auf Nasti, wie sie das gehandelt hat, in ihrem jungen Alter. Die Kinder wussten, dass sie das im Geheimen machen mussten, und es ist ihnen gelungen.«

Nasti hat das ganze Erlebte noch nicht verarbeitet, sie war einfach ein Kind. Kein Kleinkind, aber eben auch noch kein Teenager. Inzwischen ist sie es. Sie hat keine Mechanismen, um sich gegen diese Erlebnisse und ihre Gefühle zur Wehr zu setzen, sie lässt sie einfach zu. Deswegen ist sie manchmal vielleicht auch so impulsiv. Aber es wird besser, sie ist seit zwei Monaten wieder zu Hause.

Und Großmutter Antonina hat da so ihre Methoden: »Leckeres Essen, reden, Geschichten erzählen, den Rücken kraulen und vor allem unsere Haustiere, Alma, Lexa und Murka, zwei Hunde und eine Katze – die sind die beste Therapie!«

Im Camp ist Anastasia 13 geworden, ihr Geburtstag war dementsprechend nicht einfach. Cherson wurde in der Zwischenzeit befreit, und sie wäre gern dort gewesen. Sie hat viel geweint, erzählt ihre Großmutter, der auch gleich die Tränen kommen. »Ich versuche, sie bei jeder Gelegenheit aufzumuntern«, schluchzt Antonina, aber immer gelinge ihr das nicht. Dann sei Nasti ganz weit weg, in ihrer eigenen Welt, ihren eigenen Gedanken. Manchmal aber muss auch die Enkelin die Babuschka trösten. Sie hatte Albträume, dass sie das Kind nie wiedersehen würde, dass Nasti irgendwo in Russland verschollen wäre, unter anderem Namen, mit einer neuen Identität lebte.

Sie sei sehr froh, dass sie dabei sein konnte, als eine Gruppe von Müttern und Helfern einige Kinder aus dem Lager auf der Krim abholten. Die meiste Angst hatte sie immer dann, wenn die Gruppe an einen Checkpoint kam, wenn sie sich immer und immer wieder ausweisen mussten, nie sicher sein konnten, dass sie weiterziehen durften. Sie fürchtete sich am meisten vor den »Russisten«, wie sie die russischen Soldaten und das »Sicherheitspersonal«, Grenzkontrolleure und FSB-Agenten, nennt. Sie befragten die Familien bis zum Umfallen, »immer wieder stellten sie dieselben Fragen, aber immer auf eine andere Art und Weise, das sollte uns mürbe machen, und es war sehr anstrengend, stets bei derselben Version der Geschichte zu bleiben«, berichtet Antonina, der man beim Erzählen ansieht, wie sehr sie diese psychische Folter gequält haben muss. Die Soldaten versuchten, die Reisenden gegeneinander auszuspielen, aber sie waren vorbereitet. Diese Geschichten, diese Reisen, sie liegen außerhalb unseres normalen Vorstellungsvermögens.

Wenn ich Geschichten wie die von Antoninas »Reise« höre, wie sie ihre Enkelin wieder zu sich geholt hat, wie sie sich mit Bussen und Zügen und zu Fuß quer durch halb Osteuropa mühte, um das Kind zu retten, dann habe ich Bilder im Kopf, die in eine andere Zeit gehören. Dann denke ich an Filme aus dem Zweiten Weltkrieg, ich denke an Familien aus Syrien, an die Grenze Mexiko-USA. Aber ich dachte bis vor Kurzem nicht daran, dass ein derartiger Exodus in unseren Breiten geschehen könnte, dass Menschen auf Feldern übernachten und Äpfel vom Baum stehlen müssten, weil sie nichts zu essen mitnehmen konnten.

Dass das Leben von Kindern auf dem Spiel steht und wie wichtig Papiere manchmal sind. Ich hätte das nicht für möglich gehalten, ich bin sprachlos, atemlos, entsetzt angesichts der Lage.

Die glückliche Familie aus Cherson

Heimat: jetzt in der Westukraine in einem kleinen Dorf, bei Verwandten

Anatoliy, Automechaniker und Lackierer, Ksenia, Mutter, Maryna, 15 Jahre, Vitaly, 13 Jahre. Beide Kinder waren in Camps. Mykyta, Baby, im Bombenhagel am 17. Oktober 2022 geboren

»Ich werde niemals verzeihen können!«

Anatoliy ist nicht im Krieg, weil er drei Kinder hat, so viel zur Erklärung für alle, die sich wundern: Was macht der denn zu Hause? Und endlich spreche ich mit einem Vater! Einem Vater, der sehr aufgeregt ist, einem Vater, der sich kaum verzeihen kann, dass er sich nicht ausreichend schützend vor seine Kinder stellen konnte. »Wir hatten ein wunderbares Leben, meine Autolackierwerkstatt boomte, wir waren glücklich mit unseren Kindern, unseren Freunden.« Wenn Anatoliy nicht in der Werkstatt war, dann bastelte er in der Wohnung, baute den Balkon aus, und die Familie half mit. »Bis der Krieg ausbrach«, erzählt Anatoliy. Damit änderte sich alles. Bombenalarm, Keller, Bunker, keine Arbeit mehr, ständig mussten sie sich verstecken. Die Familie wollte in Cherson bleiben, aber dann wurde ihr Haus getroffen. Sie konnten nicht evakuiert werden, weil das Baby noch nicht registriert war. Die Geburtsurkunde war ukrainisch, trug aber einen russischen Stempel.

»Als die Rakete unser Haus traf, wurde es stockdunkel, alles fiel auf den Boden, es war wahnsinnig laut.« Anatoliy legte sich auf seine Frau und das Baby, um sie zu beschützen. »Es war mittags«, sagt Anatoliy, »mittags!« Und es war zu einem Zeitpunkt, an dem die ukrainische Armee noch nicht in der Stadt war, es gab dort nur Zivilisten. Es war der 24. Dezember 2022. Weihnachten. Ein Artillerie-Angriff, mit dem niemand gerechnet hatte. Die Nachbarn schrien, manche versuchten zu helfen, andere waren verletzt. »Wie durch ein Wunder hatten wir keinen einzigen Kratzer. Später erfuhren wir, dass 51 Menschen bei diesem Angriff gestorben waren«, sagt Anatoliy leise, obwohl er sonst sehr laut erzählt, so aufgeregt ist er, und wütend. Anatoliy zeigt mir die Überreste der Raketen, die in sein Haus einschlugen. »Ich möchte der Welt zeigen, was passiert ist«, sagt er und hält die Überreste von mehreren Bomben und Raketen in den Händen. Das ist auch schon alles, was die Familie aus dem Haus mitgenommen hat – alles andere war zerstört. Sie mussten bei null starten. »Ich bin froh, dass ich mein Kind und meine Frau in den Arm nehmen und gehen konnte.« Die Familie wurde am 27. Dezember evakuiert. Fast wären sie in dem Zug nicht mitgenommen worden, weil die Geburtsurkunde für Mykyta nicht vollständig war. Anatoliy hatte vorher bereits versucht, im Standesamt alles zu klären, aber auch dort herrschte natürlich Chaos. Sie schafften es, auch ohne die Papiere aus der Stadt zu kommen. Bis sie das Dorf in der Westukraine, in dem sein Vater lebt, erreichten, hatte die Familie eine Odyssee hinter sich.

»Die Angst, die ich gespürt habe, als die Bombe in unser Haus eingeschlagen ist, die kann ich nicht beschreiben.« Er stockt – und versucht es dennoch: »Es ist das schrecklichste Gefühl, eine tiefe Leere, ein schwarzes Loch, ein Schrei, den niemand hören kann.« Anatoliy klammert sich an seinen Bombensplittern fest. »Ich habe schon gehört, wie Bomben in der Ferne einschlugen, und dachte, ich kenne das Geräusch. Aber dieses Geräusch, wenn eine Bombe direkt neben oder hinter oder über dir explodiert, ist das Lauteste, was ich je gehört habe.« Die Familie lebte in der ersten Etage eines vierstöckigen Hauses. Sie hatten Glück, denn die Bombe traf nur einen Teil des Hauses. Eine Stunde lagen sie dennoch da, in Schockstarre, ausharrend, abwartend, ob noch was käme, bis Anatoliy anfangen konnte, seine Frau aus den Trümmern, dem Schutt und dem Chaos der Zerstörung zu befreien.

»Am Anfang haben wir hier, wo wir jetzt wohnen, gar nicht glauben können, dass es eine solche Ruhe in der Natur geben kann. Wir konnten gar nicht schlafen, so ruhig war es. Dieser Kontrast!« Die ganze Familie wurde in ihrer neuen Umgebung sehr freundlich aufgenommen. »Das ist wie Balsam für die Seele«, betont seine Frau Ksenia, die immer wieder beim Gespräch dabei ist und den unglaublich süßen Mykyta mit seinen Husky-blauen Augen in die Kamera hält.

Anatoliy hatte keinen Kontakt zu seinem Vater, er lebte mit seinem großen Bruder bei der Großmutter, bis er sechzehn war. Ab da sahen sie sich von Zeit zu Zeit. Doch jetzt lud der Vater Anatoliy und seine Familie ein, bei ihm zu leben, er hat genug Platz. Arbeit hat Anatoliy auch wieder: Er arbeitet für die ukrainische Armee als Automechaniker. Das ist seine Art, etwas zurückzugeben.

Und er musste ein zweites Mal erleben, wie es ist, wenn Bomben in einer Stadt einschlagen. Das war, als er seine Kinder in Kyiv abgeholt hat. Er weiß, dass die ukrainische Abwehr ganze Arbeit leistet, dennoch regnete es Teile von Raketen – Metall, Splitter, Munition – vom Himmel. Menschen starben auch, weil sie von Raketenteilen erschlagen wurden. Er sagt, er werde nicht ruhen können, bis die Verantwortlichen ihrer gerechten Strafe zugeführt werden.

Doch zunächst will Anatoliy erzählen, was seinen Kindern passiert ist. Ksenia war in den letzten Zügen ihrer Schwangerschaft mit Mykyta, und die Kinder, Vitaly und Maryna, hörten von ihren Freunden, dass es die Möglichkeit gäbe, auf die Krim zu fahren, in ein Feriencamp. Ksenia und Anatoliy dachten sich, das würde den beiden sicher guttun, das Baby könnte jeden Moment geboren werden, und um die Belange der Großen und ihre Gesundheit könnte man sich nach all dem Erlebten auch mal wieder kümmern. Es war der 7. Oktober, als die beiden Geschwister mit ihren Freunden in Richtung Krim aufbrachen, zusammen mit vielen anderen Kindern. Alle sahen fröhlich aus, anfangs hatten Kinder und Eltern auch regelmäßig Kontakt. Und immerhin mussten die beiden nicht miterleben, wie die Familie ausgebombt wurde.

Nach einer Weile verschlechterten sich die Bedingungen, es kam zu Mobbing im Camp, und vor allem Vitaly wollte nach Hause. Er hörte auf zu sprechen, versteckte sich unter dem Bett oder unter Decken. Da das Personal ständig wechselte, konnte er zu keinem Erwachsenen eine Bindung aufbauen. Er war zwar mit seiner Schwester im Camp, aber die schlief ja woanders, und er wollte einfach nur nach Hause. Der Tagesablauf in diesem Camp war purer Stress für den Jungen. Er war es nicht gewöhnt, herumkommandiert zu werden und keine Rückzugsmöglichkeit zu haben. Wer nicht gehorchte, dem wurde mit der Polizei gedroht, oder damit, dass er in den Keller gesperrt würde, eine sehr beliebte Strafe in diesen Camps.

Als niemand mehr an den Jungen herankam, steckte man ihn in eine psychiatrische Einrichtung. Zwei Mal. Diese Klinik war in Simferopol, der Hauptstadt der Krim. Das erste Mal blieb er 21 Tage dort, und dann brachte man ihn nach sechs Tagen erneut hin, weil er im Camp einfach nicht mitmachen wollte: keine russischen Lieder singen, nicht lernen, nicht spielen. Sein zweiter Aufenthalt in der Psychiatrie war noch schlimmer. Vitaly war mit Kindern zusammen, die wirkliche mentale Probleme hatten, laut waren, überreagierten, aggressiv waren, um sich schlugen. In jedem Raum waren durchschnittlich 13 Kinder untergebracht, und viele von ihnen waren an ihren Betten festgebunden. Sie wurden geschlagen, und wenn sie blaue Flecke hatten, wurden diese überschminkt. Eine weitere Strafe war stundenlanges Stehen. Vitaly wurde oft für Dinge bestraft, die er gar nicht getan hatte.

Und seine Schwester? Maryna war sehr besorgt, obwohl sie anfangs gar nicht wusste, dass ihr Bruder in eine Klinik kam. Das Mädchen dachte, ihr Bruder müsste nur zum Arzt. Da Jungen und Mädchen in getrennten Zimmern untergebracht waren, merkte sie nicht gleich, dass er gar nicht zurückkam. Als sie anfing, Fragen zu stellen, gab man ihr die Telefonnummer eines Arztes, den sie anrufen konnte. Sie wollte ihren Bruder besuchen, und der Arzt versprach ihr, sie könne ihn am nächsten Tag sehen.

Am nächsten Tag hieß es dann, nein, das geht doch nicht. Wenigstens konnte sie Vitaly kurz am Telefon sprechen, er kam ihr merkwürdig vor, sehr ruhig und nicht wie er selbst. Er wollte auch nicht mit ihr sprechen. Sie war wie vor den Kopf gestoßen. Eines Tages hieß es, die Großmutter würde kommen, um beide Kinder abzuholen. Sie packte ihre Sachen. Die Sachen ihres Bruders waren wie vom Erdboden verschluckt, er besaß anscheinend gar nichts. Und er selbst war auch weg. Niemand gab ihr Auskunft. Es war, als hätte ihr Bruder nie existiert.

Der Arzt wiederum beruhigte die Mutter am Telefon und sagte ihr, dass alles gut sei mit ihrem Sohn, sie bräuchte sich keine Gedanken zu machen. Als die Eltern dann von Maryna die Geschichten über Vitaly hörten, waren sie entsetzt und verzweifelt. Vielleicht waren ihrem Sohn Medikamente verabreicht worden? Tatsächlich machte sich die Großmutter auf, die Kinder abzuholen. Sie nahm sich bereits im Oktober 2022 ein Appartement und einen Anwalt in Henitschesk und boxte die beiden Kinder innerhalb der nächsten vier Monate frei, raus dem Heim. Ende Januar hatte sie beide Kinder endlich wieder an ihrer Seite. Als sie an der Klinikpforte ihren Enkelsohn abholen wollte, versuchte man noch, ihr einzureden, dass auch sie in die Klinik gehöre. Gott sei Dank handelt es sich bei der Großmutter um eine Frau, die sich nicht für dumm verkaufen lässt.

Als die Kinder nach Monaten endlich heimkamen, konnten sie zum ersten Mal ihren neuen kleinen Bruder in die Arme nehmen. Es flossen viele Tränen. Hatten Anatoliy und Ksenia eigentlich je Angst, dass ihre Tochter auch sexuell belästigt worden sein könnte? Darüber machen sich viele Eltern Gedanken, aber von so etwas wissen Anatoliy und Ksenia nichts zu berichten. Wovon sie allerdings berichten können, ist die Tatsache, dass Kinder in dem Camp versucht haben, sich das Leben zu nehmen, indem sie von Balkonen sprangen oder sich die Pulsadern aufschnitten.

Wie können wir in Zukunft weiterleben, wenn dieser Krieg eines Tages, der hoffentlich bald kommt, beendet sein wird? Wird Anatoliy je verzeihen können, was seinen Kindern, seiner Familie angetan wurde? »Niemals«, sagt er laut und bestimmt. Er hat Dinge gesehen, die er nie vergessen wird. Er hat um sein Haus herum Leichenteile eingesammelt, Überreste von Menschen, die er kannte. Er hat Zerstörung gesehen und Verzweiflung erlebt.

Anatoliy und Ksenia haben Freunde und Verwandte in Moskau und in Sankt Petersburg. »Weißt du, was die uns sagen? Dass sie uns befreien! Die glauben das, was ich dir erzählt habe, nicht. Sie glauben ernsthaft, dass sie uns von ›den Nazis‹ befreien.« Ksenia sagt, mit Anatoliys Schwester sei es momentan so, dass sie sich vollkommen voneinander entfernen, obwohl sie einmal sehr eng verbunden waren, weil sie nicht glauben kann, dass die Russen ihnen so etwas antun würden.

Ksenia und Anatoliy werden nie vergessen, dass ihnen fast alles genommen wurde, sie werden aber auch nicht vergessen, dass ihnen geholfen wurde, zum Beispiel von Save Ukraine. Anatoliy hält am Ende unseres Gesprächs noch immer Teile der Bomben in den Händen, die auf sein Haus gefallen sind.

Man kann sich nicht vorstellen, was diese Familie durchgemacht hat: erst die Bomben und die Zerstörung ihres Heims, dann der Umzug. Dann die Kinder, die von ihnen auf die Krim geschickt werden, in bester Absicht, in ein Camp, das der pure Horror ist, und dann die Klinik, die wohl kaum diesen Namen verdient. Das ist eigentlich nicht auszuhalten. Anatoliy sagt uns während des Gesprächs immer wieder, dass wir nicht weinen sollen.

Großmutter Anastasia und Enkel Oleksandr, 12 Jahre

Heimat: Sie lebten zusammen mit der Mutter und dem Onkel des Kindes in Cherson. Zum Zeitpunkt unseres Gesprächs sind beide im Hope & Healing Center in Kyiv.

Fluchtpläne eines 12-Jährigen

Manche Kinder gingen zur Schule, manche hatten Online-Unterricht. Die Kinder wollten nach der langen Corona-Zeit unbedingt wieder in die Schule. Doch es war schwer, überhaupt Lehrer zu finden.

Im September 2022 ging es dann für Oleksandr endlich wieder los. Doch er hatte nur einen Monat Schule, bis zum 5. Oktober. Es wurde – recht spontan – verkündet, dass die Schüler Ferien hätten und sie in einem Camp auf der Krim verbringen würden. Die Kids waren erst einmal begeistert. Zwei Wochen ohne Hausaufgaben, wer möchte das nicht?

Großmutter Anastasia war zunächst besorgt wegen der Kosten für das Feriencamp. Denn der Großvater, der Ernährer der kleinen Familie, war im Krieg gefallen, und sie hatten nichts mehr. Die Klassenlehrerin beruhigte sie, alles sei umsonst. Fast zu schön, um wahr zu sein – sollte man nun besorgt oder einfach nur froh sein über eine solche Gelegenheit? Schließlich vertraute Anastasia der Lehrerin, sie hatte gesagt, dass alles gut würde.

Während sie erzählt, weint sie immer wieder. Vor allem, wenn die Rede auf ihren Mann kommt, der einen Monat nach Kriegsausbruch starb. Ihre Verzweiflung, ob sie überhaupt über die Runden kommen würden, muss unfassbar groß gewesen sein. Muss sie noch immer sein.

Ihr Enkel brach mit ungefähr hundert weiteren Schülern auf, begleitet wurden sie von vier Lehrern, die sie noch aus seiner alten Schule kannte. Das Vertrauen war also groß. Vor allem, weil bekannt war, dass es vorher bereits Klassenreisen gegeben hatte, von denen die Kinder immer wieder zurückgekommen waren. Worüber sollte man sich also Sorgen machen – es wirkte alles so vertrauenswürdig, wie man es sich nur wünschen kann. Die Kinder wären abgelenkt, sie würden anständig zu essen bekommen, sie würden stärker denn je zurückkommen.

»Zu diesem Zeitpunkt hatten wir keine Verbindung zur Außenwelt, wegen der ukrainischen Gegenoffensive, wir waren von allem abgeschnitten«, versucht Anastasia zu erklären.

Am 21. Oktober sollten die Kinder heimkehren. Aber sie kamen nicht. Am 20. rief Oleksandr zu Hause an und sagte, dass sie ein, zwei Tage später zurückkommen würden. Dann rief er wieder an und sagte, es würde der 25. Oktober werden. Am 25. rief er an und sagte, es würde der 3. November. Am 3. November rief er zu Hause an und sagte: »Es wird gar nichts, wir fahren nirgendwo hin.« Als die Großmutter ihn fragte, wann sie denn nach Hause kämen, antwortete der Junge: »Bis Cherson nicht in russischer Hand ist, kommen wir nicht zurück.« Und das, wo Cherson doch gerade erst wieder befreit war.

Die Großmutter ging zur Polizei, dort wurde ihr nicht geholfen. Am 10. Dezember wurde sie aus Cherson evakuiert – denn die Bedingungen waren katastrophal, es gab nichts. Kein Wasser, keinen Strom, keine Heizung.

Die Großmutter telefonierte sich die Finger wund, um ihren Enkel zurückzubekommen, sie beantragte einen internationalen Reisepass, was zwei Monate dauerte. Sie

162

weigerte sich, die Hoffnung aufzugeben, vor allem, weil sie inzwischen mit Save Ukraine in Kontakt war. Es gelang ihr tatsächlich, den Jungen zurückzuholen. Sie war überglücklich, aber der Junge war verändert, er erzählte nicht viel. Auch jetzt redet Oleksandr nicht viel: Er will nichts sagen und er will auch bei unserem Videocall nicht gesehen werden.

Er hatte Angst, er hat noch immer Angst. Im »Druschba«-Camp wurde der Junge mit der russischen Nationalhymne geweckt, ihm wurden Dinge gesagt, die kein 12-Jähriger zu hören bekommen sollte, unter anderem, dass seine Mutter ihn nicht wollte, seine Großmutter erst recht nicht, und er nur eine Belastung wäre. Und dass er es in Russland besser haben würde, wenn er dort in eine Familie käme.

Durchgehalten hat Oleksandr, weil er sich einen Fluchtplan ausgedacht hatte. Seine Mutter und seine Großmutter mussten ihn davon abhalten, denn sie waren bereits unterwegs zu ihm: Sein Plan war, nachts um zwei aus dem Zimmer auszubrechen und dann auf das Gelände des Camps zu gelangen. Dann hätte er von Jewpatorija nach Simferopol laufen, dort in den Zug nach Jankoy steigen und sich dann nach Donezk oder Kachowka durchschlagen müssen. »Was ist mit den Minenfeldern, was ist mit den Checkpoints?«, fragten sie den Jungen, mit dem sie zum Glück immer wieder telefonischen Kontakt hatten. Sie mussten ihn von seinem Plan abbringen, sie waren schließlich auf dem Weg zu ihm. Er aber hatte vor, Steine zu werfen, um zu sehen, ob vor ihm etwas explodierte, außerdem wollte er sich nicht allein auf den Weg machen, sondern zusammen mit ein paar anderen Kindern. Sie hatten bereits Essensvorräte angelegt. Er war sich sicher, dass er den Weg finden würde.

Seine Fluchtpläne waren dringlich, denn es wurde den Kindern immer öfter damit gedroht, dass sie in Waisenhäuser in Russland gebracht werden würden. Oleksandr wurde panisch. Er konnte sich nicht vorstellen, dass seine Familie ihn vergessen hatte. Außerdem wusste er von anderen aus seiner Gruppe, dass Helfer von Kinderorganisationen es immer wieder schafften, Kinder abzuholen. Im Hope & Healing Center erholt sich der kleine Junge nun. Zurück nach Hause, nach Cherson, konnten sie erst mal nicht, die Stadt lag ständig unter Beschuss, und dann, nach der Sprengung des Staudamms, unter Wasser. Auch seine Mutter und seine Großmutter, die tagelang kreuz und quer durch die Ukraine, Polen und Belarus unterwegs waren, sind erst einmal in Kyiv gewesen, nach ihrer Heldenreise mit dem Bus nach Moskau und dann auf die Krim. Am 3. April kamen sie endlich in Jewpatorija an, nach einer halben Weltreise.

In einem der Busse, mit dem die Frauen unterwegs waren, starb eine Frau, die ebenfalls auf dem Weg auf die Krim war, um ihre beiden Enkelinnen abzuholen. »Es war nach einem Verhör«, erzählt Oleksandrs Großmutter, »die Frau war mit den Nerven runter, sie war aufgeregt, sie hatte große Angst. Sie ließ ihren anderen Enkel bei Verwandten, um die Mädchen zu holen. Und dann hat sie einen Herzinfarkt bekommen. Man hat versucht, sie wiederzubeleben, aber es war zu spät«, erzählt Oleksandrs Oma mit tränennassen Augen. Sie war die einzige nahe Verwandte, die diese Kinder hatten. Alle, die sie kannten, beschrieben sie als positive, immer gut gelaunte Frau, obwohl sie finanzielle Sorgen hatte und für drei junge Kinder sorgte. Bei Save Ukraine gab sie extra noch Schokolade ab, um sich bei den Helfern zu bedanken, die ihr den Trip organisiert hatten. Sie war eine selbstlose Frau. Ihre gesundheitlichen Probleme hat sie für sich behalten, weil sie Angst hatte, dass man sie sonst nicht fahren lassen würde. »Den Herzinfarkt bekam sie am letzten Halt vor der Krim. Kurz vor dem Ziel!«, sagt Anastasia. »Wissen Sie, was sie in ihrer Tasche hatte, als man nach ihren Papieren suchte? Sie war randvoll mit Süßigkeiten für die Mädchen.« Ihre Asche wurde in die Ukraine überführt – eine Urne, ihr Handy und ihr geliebter türkiser Hut war alles, was der Enkelsohn bekam.

Als wir uns verabschieden, weint Anastasia. Sie kann gar nicht mehr aufhören.

Oleksandr hatte einen Plan. Er wollte sich nicht fügen. Er wollte fliehen. Hoffentlich kann er auf diese Zeit später zurückschauen mit dem Wissen, dass seine Mutter und seine Großmutter ihn zwar abgeholt haben, aber wenn das nicht geklappt hätte – dann hätte sein Plan höchstwahrscheinlich funktioniert! Ein Abenteuer, von dem er eines Tages seinen Kindern und Enkelkindern berichten kann. Dann wird er hoffentlich verarbeitet haben, dass er den Boden schrubben musste und Angst vor den Erwachsenen hatte, und nur noch daran denken, dass er es auch ohne Hilfe geschafft hätte, seinen Peinigern in dem Camp zu entkommen.

Mutter Olesya, Ostap, 13, und Bruder Wasily, 10 Jahre

Wir haben für dieses Gespräch mehrere Anläufe gebraucht, weil Cherson unter permanentem Bombenhagel
stand. Aus Ostaps Schule wurden etwa 2000 Kinder auf
die Krim gebracht. Als Olesya ihren Sohn einen Tag nach
dem regulären Transport zum Hafen brachte, waren es
dort nochmal an die 1000 Kinder. Beide leben zusammen
mit dem Großvater.

Ihr seid nicht allein!

Olesya ist in Cherson, die Situation dort ändert sich von Stunde zu Stunde, in der Nachbarschaft schlagen Bomben ein, obwohl von ukrainischem Militär weit und breit nichts zu sehen ist. Es wirkt so, als würden Bomben gezielt über Wohngebieten abgeworfen, einfach so, aus purer Zerstörungswut. »Du weißt nie, wann es losgehen kann«, erzählt Olesya. »Es kann auf dem Weg zum Einkaufen sein, es kann zu Hause sein oder wenn du dich vor der Tür mit deinen Nachbarn unterhältst. Die Bedrohung ist immer da. Jeden Tag. Fünf bis sechs Stunden. Ich habe keine Ahnung, wie lange ich das noch aushalten kann. Ja, wir erkennen das am Geräusch, wenn russische Raketen kommen oder wenn es die ukrainische Luftabwehr ist. Aber ich werde beide Geräusche nie in meinem Leben vergessen.«

»Zu wem soll ich beten?«, fragt Olesya uns. Im Winter waren die Angriffe zeitlich begrenzt, von 22 Uhr abends bis 10 Uhr morgens, das heißt, alle haben die Nächte in den Kellern und Schutzbunkern verbracht. »Aber inzwischen müssen wir zu jeder Zeit mit Angriffen rechnen. Wie soll man das aushalten?« Olesya ist eine junge Frau, sie sieht gut aus, sie wirkt so, als würde sie gleich zur Arbeit gehen oder sich mit Freundinnen treffen oder ihren Sohn von der Schule abholen. Dabei rettet sie sich nur von einem Tag in den nächsten. »Danke, dass ihr uns das

Gefühl gebt, nicht allein zu sein«, sagt sie. »Und danke, dass ihr aufschreibt, was mit unseren Kindern geschieht.« Im September 2022 hatte sich Olesya, nach zwei Jahren Online-Schule wegen Corona, dazu durchgerungen, ihre beiden Söhne in einer Schule anzumelden, auch wenn die Schule russisch geführt war. »Sie sollten wieder unter Gleichaltrige«, erklärt Olesya, »die ganze Zeit waren die Jungs nur mit mir und meinem Vater, also ihrem Opa, zusammen, das ist ja nicht normal.« An der Schule waren russische Soldaten stationiert.

Es gab immer wieder Reisen für Kinder, die von der Schule angeboten wurden, zum Beispiel für Kinder, die besonders gut in der Schule waren. »An diesen Reisen nahmen meine Söhne nicht teil«, erzählt Olesya und muss tatsächlich ein bisschen lachen. Am 6. Oktober wurden aber plötzlich Ferien verkündet, und der Direktor und die Lehrer der Schule boten den Schülern an, dass alle, die wollten, ins Feriencamp auf die Krim fahren könnten.

»Zuerst wollte ich nicht, dass meine Jungs fahren, und sie wollten auch nicht, aber als die anderen Kids dann Fotos schickten und schrieben, wie cool es dort sei und was sie für einen Spaß hätten, wurde Ostap unruhig und bat mich, ihn doch auch fahren zu lassen.« »Mama, wann werde ich das nächste Mal die Gelegenheit haben, Ferien zu machen?«, fragte er seine Mutter. Deswegen willigte sie ein und brachte ihn zum Hafen von Oleschky, damit er zu seinen Klassenkameraden reisen konnte.

»Am Hafen sah ich meinen Sohn zum letzten Mal für sechs Monate«, sagt Olesya mit brüchiger Stimme. »Danach habe ich mir Tag und Nacht Vorwürfe gemacht.« Natürlich wollte sie, dass ihr Kind sich nicht ausgeschlossen fühlte, wenn alle anderen aus seiner Klasse zusammen

Spaß hatten, aber sie hatte von Anfang an kein gutes Gefühl bei der Sache.»Hätte ich nur auf mein Bauchgefühl gehört und ihn nicht gehen lassen!« – wie oft sie sich das gesagt hat.

»Mein jüngerer Sohn wollte zum Glück nicht fahren, er ist noch sehr auf mich fixiert und wollte bei mir bleiben«, sagt sie mit einem Lächeln.»Ostap ist ein bisschen abenteuerlustiger.«

Wann wurde ihr klar, dass etwas nicht stimmte?»Als eine der Lehrerinnen uns Eltern anrief, nach einer Woche bereits. Sie sagte, wir sollten sofort unsere Kinder abholen kommen, hier sei was faul. Sie klang aufgeregt und fast panisch. Als wir versuchten, sie zurückzurufen, ging sie nicht mehr ans Telefon. Wir sind dann in die Schule gegangen, das war am 21. Oktober, um vom Direktor zu erfahren, was da los sei, aber er sagte nur, wir sollten uns nicht aufregen, alles wäre in Ordnung. Es würde alles so ablaufen wie geplant, die Kinder würden am 23. Oktober aus dem ›Druschba‹-Camp zurückkommen, und nicht erst am 3. November, woher die Eltern denn diese Information hätten? Der Direktor zuckte nur die Schultern und stellte fest, mehr könne er nicht für die Angehörigen tun. Das hat uns ein bisschen beruhigt. Eine Woche später wurden wir dann gemeinsam mit anderen Zivilisten vom russischen Militär aus Cherson herausgebracht. Es hieß, es würde Straßenkämpfe geben, weil die ukrainische Armee vorrückte, und wir sollten aus der Schusslinie.«

In diesem Moment realisierte Olesya, dass das alles nur ein riesiges Puzzle war und sie ein Teilchen davon, das beliebig verschoben wurde. Kein Elternteil hätte erlaubt, dass die Kinder auf die Krim fahren, wenn die Eltern gewusst hätten, dass ihre Heimatstadt demnächst evakuiert würde.

Die Lehrerin, die die Eltern gewarnt hatte, ist noch immer nicht wieder aufgetaucht. Inzwischen weiß man, dass die ursprünglichen Lehrer aus der Schule, kaum waren sie in dem Camp angekommen, von anderen »Lehrern« ersetzt wurden. Sie wurden vor die Wahl gestellt, sich dem russischen System anzupassen und mitzuarbeiten oder zu verschwinden.

Eine andere Lehrerin, die mit den Kindern in die »Ferien« aufgebrochen war, blieb bis zum Ende bei den Kindern. Diese Kunstlehrerin war es auch, die es Ostap letztendlich ermöglichte, nach Hause zurückzukehren. Sie sagte von Anfang an, dass sie bis zum Schluss bei den Kindern bleiben würde. Sie fühlte sich verantwortlich und ließ die Kinder, die ihr anvertraut waren, nicht im Stich.

»Wir haben dann erfahren, dass die Kinder von Helfern unterstützt wurden. Es wurde kälter, man brachte ihnen immerhin wärmere Kleidung. Ich war immer in Kontakt mit Ostap, er klang ganz zuversichtlich. In der Zwischenzeit habe ich natürlich versucht, mit Behörden zu sprechen, um an weitere Informationen zu kommen.« Aber niemand wollte mit ihr über die Kinder in einem Camp auf der Krim sprechen, am anderen Ende wurde aufgelegt, sobald sie darauf zu sprechen kam, dass sie ihren Sohn abholen wolle.

»Andere Eltern waren inzwischen mit dem Auto in Richtung Krim aufgebrochen, aber ich habe kein Auto. Ich habe mein letztes Geld zusammengekratzt, weil ich per Bus und Bahn zu ihm reisen wollte. Aber ich kam nicht mehr aus der Stadt raus, eine Brücke war zerstört worden.«

Olesya versuchte, Transportunternehmen zu kontaktieren, aber die arbeiteten nur für utopische Preise: 2000 Dollar hätte ein Transport gekostet – so viel Geld besaß

Olesya nicht mehr. Außerdem konnte ihr niemand eine Garantie dafür geben, dass dieser Transport auch klappen würde – an den Checkpoints kam man nur mit Bestechung weiter.

Im Januar wurde Ostap in ein neues Camp gebracht. Im Februar wollte Olesya sich auf den Weg machen, um ihn dort herauszuholen. »Es war nicht leicht für mich, diese Entscheidung zu treffen, ich hatte schließlich auch meinen Zehnjährigen noch zu Hause, und was würde aus ihm werden, wenn ich nicht zurückkäme?«

Irgendwann bekam sie die Nummer von Kateryna von Save Ukraine. Alle anderen Hilfsangebote, die sie vorher erhalten oder selbst ausfindig gemacht hatte, kosteten im Durchschnitt 1500 Dollar. Die Nachricht, dass sich Save Ukraine darum kümmern würde, ihren Jungen zurückzubringen, ohne dass sie irgendetwas dafür bezahlen müsste, konnte Olesya kaum glauben. Dass ihr Sohn sich in den vielen Monaten in den Camps kaum verändert hat, ist ihre größte Freude. Manchmal wird sie nachts noch wach und macht sich Vorwürfe.

Diese Art der Vorwürfe – »Hätte ich doch bloß« – kennt jede Mutter. Väter sicherlich auch. Olesyas Verzweiflung zu spüren, ihr dabei zuzusehen, wie sie ihre Fassung bewahren will, wie sie Stärke zeigen will, ist zutiefst beeindruckend. Diese Familie, samt dem Großvater, wird ihren Weg gehen.

Tetyana und Viktor,
17 Jahre

Heimat: Die Familie kommt aus Cherson.

Aufenthalt in Camps: Viktor war in den Camps »Drusch-ba« und »Lutschystyj«, außerdem wurde er für sechs Monate auf eine »Akademie« im Gebiet von Cherson ge-schickt.

Mein Recht,
Nein zu sagen

Wir haben die Möglichkeit, mit Viktor und seiner Mutter noch einmal zu sprechen, nachdem unser letztes Gespräch von Bombenalarm in Kiyv unterbrochen wurde. Beide sind wieder im Hope & Healing Center. Viktor sagt, um mich zu beruhigen: »Wir haben doch eine App, auf der wir die Warnungen bekommen.« Als ob er mir von einer anderen App erzählt, die junge Menschen sich runterladen. Auch Ksenia, meine Kontaktperson von Save Ukraine, bedeutet mir, dass alles okay ist. Mal wieder. »Für uns ist das eine normale Situation!« Fast erscheint sie mir ein wenig ungeduldig, weil ich nicht kapiere, wie sie dort vor Ort mit der ständigen Bedrohung umgehen, aber sie will einfach nur, dass ich mir keine Sorgen mache.

Was mich wirklich beruhigt, ist Viktors Stimme – sie ist tief und ruhig. Sie klingt so, als würden Mädchen sich gern das Telefonbuch von ihm vorlesen lassen. Er weiß das. Er ist charmant, und er kann erzählen. Wenn seine Mutter etwas ergänzen will, sagt er: »Mama, ist gut«, und lächelt sie an. Stimmt natürlich, er kann seine Geschichte selbst viel besser erzählen: »Ich ging auf eine Marine-Schule. Als die Russen nach Cherson kamen, haben sie das Programm der Schule auf Russisch umgestellt. Sie haben einfach den Lehrplan geändert. Es war der 8. November, als sie uns mitteilten, sie würden jetzt die ganze Schule evakuieren. Ich wollte meine Mama anrufen und das mit ihr besprechen, aber sie erlaubten es nicht. Niemand sollte mit irgendjemandem darüber diskutieren können. Es sei eine abgemachte Sache und hier würde nicht rumgezickt, es ginge jetzt los. Wir wurden also auf der Stelle evakuiert.«

Es ging auf die Krim. »Das Militär brachte uns zum Hafen von Cherson und übergab uns an Leute, die ab jetzt auf uns achten sollten und uns begleiteten. Wir wurden zuerst ins Druschba-Camp gebracht und später nach Jewpatorija ins Lutschystyj-Camp. Meine Mutter hatte keine Ahnung, dass ich auf die Krim gebracht wurde – und zwar für ein paar Monate!«

Tetyana schaut zu Boden. Sie will nicht, dass wir ihre Tränen sehen. Viktor fährt fort: »Dieser Typ vom Militär, der uns schon in der Schule gesagt hat, dass wir jetzt evakuiert werden, verbot uns, mit unseren Leuten zu sprechen. Nach einiger Zeit wurde ich auf eine Akademie geschickt, die sich wieder im Gebiet von Cherson befand. Dort blieb ich sechs Monate. Wir mussten das tun, was sicher alle anderen auch tun: die russische Nationalhymne singen, ein straffes Programm durchziehen, Sport, russische Geschichte. Es war ätzend. Ich habe nicht mitgesungen. Sie haben versucht, mich zu überzeugen, mich bedrängt. Aber ich habe Nein gesagt. Ich fand, dass es mein Recht ist, Nein zu sagen. Ich war schon in dem zweiten Camp für ein paar Tage eingesperrt gewesen, im Keller, sie konnten mich aber nicht einschüchtern.«

»Weswegen wurdest du eingesperrt?«, frage ich Viktor.

»Ich habe die russische Flagge gegen ein Paar Unterhosen ausgetauscht.« Er grinst. Ksenia muss lachen. Sie kann nicht mehr ernst bleiben. Ich sehe dieses Bild vor mir: Die russische Nationalhymne erklingt, alle Kinder sind im Hof versammelt, stehen stramm, sollen mitsingen, dann wird die Fahne gehisst, und es hängt eine Unterhose statt der russischen Nationalflagge am Mast – das ist wirklich zu komisch!

Die Strafe dafür, im Keller eingesperrt zu werden, in Dunkelheit und Isolation, war dann natürlich nicht mehr so witzig. Aber Viktor wirkt so, als wäre ihm jede Minute, in der er die anderen Kinder zum Lachen gebracht hat, das alles wert gewesen. In dem Keller war es natürlich schrecklich – feucht, kalt, dunkel, es gab nur ein winziges Fenster, durch das er die Füße der anderen vorbeilaufen sehen konnte.

Kommunikation war nicht möglich, denn das wäre für die anderen viel zu gefährlich gewesen. Seine Freunde ließen sich aber nicht abschrecken, sie reichten ihm ein Handy durchs Fenster, und Viktor rief seine Mutter an. Er berichtete ihr, dass man ihm angedroht hatte, ihn in eine psychiatrische Klinik und in eine Zwangsjacke zu stecken. Seine größte Angst war jedoch, dass man ihn mit Medikamenten zudröhnen könnte, dass man ihm seinen freien Willen nehmen könnte.

Das ist zum Glück niemanden gelungen!

Wieder einmal bin ich zutiefst beeindruckt von meinen Gesprächspartnern. In diesem Videocall ist mir klar geworden, dass wir es hier nicht nur mit Kindern zu tun haben, die ihren Eltern weggenommen wurden, die verängstigt sind und sich wehrlos fühlen – in diesem Gespräch ist mir klar geworden, dass es sich hier auch um junge Menschen handelt, die keine Lust darauf haben, Opfer zu sein.

Opfer eines Krieges, Opfer eines Systems, Opfer anderer Leute, die meinen, mit anderen Menschen umgehen zu können, als wären diese nichts wert.

Das Bild der am Flaggenmast gehissten Unterhose werde ich im Gedächtnis behalten – als Symbol für den Widerstand einer Jugend, die selbst in der schlimmsten Situation nicht aufgibt und es sogar schafft, den Besatzern Streiche zu spielen. Und dann die Konsequenzen trägt.

Fragen an Mykola Kuleba

Der Mann ist ein Engel – er rettet Kinder, nein, ganze Familien, und damit rettet er sein Land. Er weiß, dass die Ukraine keine Chance hat, wenn die Kinder nicht mehr da sind. Aus einem tiefen menschlichen Bedürfnis hat er einen Beruf gemacht, der gleichzeitig eine Berufung ist. Dass er diese Berufung im Augenblick nicht nur zu 100 Prozent, sondern zu 150 Prozent erfüllen muss, ist eine Herausforderung, der er sich seit Jahren stellt. Denn Russlands Krieg gegen die unabhängige Ukraine begann nicht erst am 24. Februar 2022, sondern schon 2014 in der Ostukraine. Als Ombudsmann für Kinderrechte in der ukrainischen

Regierung, als Gründer und CEO von Save Ukraine, als eine Art moderner Robin Hood, hat er in seiner Laufbahn bereits Tausenden ihre Freiheit zurückgegeben. Seine Tweets sind nicht cool, er verkauft nichts, er stellt sich nicht dar, er schreibt lieber über die Widerstandsfähigkeit der Geschwisterliebe im Angesicht der Schrecken, denen ukrainische Kinder momentan ausgesetzt sind. Über das Geschwisterpaar in diesem Buch sagt er: »Durch den Krieg getrennt und von der russischen Propaganda beeinflusst, ist ihr Weg zur Wiedervereinigung eine starke Erinnerung daran, wofür wir kämpfen.«

Uns beantwortet Mykola Kuleba persönliche Fragen.

Was ist das Schlimmste, was Menschen einem Kind antun können?

Physische und psychische Gewalt, wie sie die Russen gegen unsere Kinder ausüben. Ich nenne Ihnen einige Beispiele:

Ein 17-jähriger Junge, der an einer Hochschule im besetzten Gebiet (Region Cherson) studierte, wurde wegen Missachtung russischer Staatssymbole in einen zwei mal drei Meter großen Raum mit einem Bett und einem Fenster gesperrt, dort wurde ihm das Telefon abgenommen. Er saß dort fast eine Woche lang, ohne etwas sehen oder lesen zu können, ohne jegliche Kommunikation. Der Junge sagte später im Gespräch, dass er während des Sitzens in diesem Strafraum Selbstmordgedanken hatte und fast den Verstand verlor.

Ein ukrainischer Teenager wurde Zeuge, wie eine Mutter ihren Jungen abholte, um ihn nach Hause zu bringen, und die Russen zwangen Mutter und Sohn, sich bis auf die Unterwäsche auszuziehen, sich vor den Hintergrund der russischen Flagge zu stellen und Videos aufzunehmen, in denen sie sich für ihre Tätowierungen entschuldigten. Die Tattoos waren am Vortag mit Henna aufgemalt worden. Dabei handelt es sich nicht nur um eine Verletzung der Menschenwürde, solche Handlungen gelten auch als sexuelle Gewalt. Der Junge sagte auch aus, dass man anderen Jungen zur Strafe Stromschläge verpasst hätte.

Ein anderer ukrainischer Teenager, 16 Jahre alt, der im besetzten Henitschesk studierte, wurde in den Keller gesperrt, weil die Farbe seiner Socken ungefähr den Farben der ukrainischen Flagge ähnelte.

Ein 10-jähriges ukrainisches Mädchen wurde für einen Monat in eine psychiatrische Klinik eingeliefert, wo sie »behandelt« wurde, ihr Injektionen und Medikamente verabreicht wurden und sie ans Bett gefesselt wurde. Und warum das Ganze? Weil die Besatzer ihr Verhalten als »unangemessen« bezeichneten. Sie schickten das Kind in eine psychiatrische Klinik, ohne die Eltern darüber zu informieren. Aufgrund der Tatsache, dass das Kind erst zehn Jahre alt ist, konnte sie nicht alles verstehen und uns nicht sagen, was genau mit ihr geschah.

Ukrainische Kinder werden russifiziert – sind Sie manchmal nicht endlos frustriert?
Stellen Sie sich ein Baby vor, das von jemandem misshandelt wird, und Sie liegen gefesselt neben ihm. Und es gibt nichts, was Sie tun können. So ungefähr geht es mir auch. Wie viele deportierte Kinder werden drangsaliert? Und wir können nichts tun. Aber wir setzen unsere Arbeit trotz allem fort und werden nicht aufhören, bis alle unsere Kinder nach Hause kommen. Ich fürchte, dass dieser Prozess mehrere Jahrzehnte dauern wird.

Die Welt hat diese Geschichte bereits während des Zweiten Weltkriegs erlebt, als die Nazis versuchten, mehr als 200.000 polnische Kinder zu germanisieren. Diese entführten Menschen verstehen erst 70 bis 80 Jahre nach Kriegsende, dass sie Polen sind. Ich möchte nicht, dass sich diese Geschichte mit ukrainischen Kindern wiederholt.

Wie gehen Sie mit Misserfolg und Verlust um?
Mein Team weiß, dass wir alles erreichen können, wenn wir möglichst korrekte Informationen über das Kind erhalten: wo der Junge oder das Mädchen ist, wie sie leben. Die Russen versuchten, diese Kinder zu verstecken, ihnen neue Namen zu geben und jegliche Verbindung zu Freunden abzubrechen.

Unser nächster Schritt ist jedoch immer die Planung der Rückkehr. Und wenn wir ein Kind nicht jetzt in die Ukraine zurückbringen können, werden wir es auf jeden Fall später wieder versuchen.

Was motiviert Sie?
Ich hatte früher mal einen völlig anderen Beruf. Und ich hatte nichts mit Kindern zu tun. Aber eines Tages traf ich drei Kinder auf der Straße, blieb stehen und redete mit ihnen – von diesem Tag an veränderte sich alles für immer. Ich arbeite seit 25 Jahren mit Kindern und weiß, wie viel getan wurde und wie viel noch zu tun ist. Nichts motiviert mich mehr als die Erkenntnis, dass dank unserer Arbeit immer mehr Kinder ein Zuhause finden und mehr Familien die Hilfe erhalten, die sie brauchen.

Wie erholen Sie sich, was gibt Ihnen Kraft?
Das Akzeptieren der Realität und das Erkennen, dass Scheitern und Verlust zum Leben gehören. Ich versuche immer

wieder, mich daran zu erinnern. Meine Familie ist mit Sicherheit mein größter Trost und Zufluchtsort für die Seele. Und meine Arbeit. Das Setzen neuer Ziele gibt mir einen Sinn und eine Richtung. Und nichts gibt mir mehr Kraft als das Lächeln eines Kindes, dem wir helfen konnten.

Sie haben einen einzigen Wunsch – wie sieht der aus?
Natürlich haben wir Ukrainer jetzt alle einen Wunsch – den Sieg. Ich möchte allerdings vor allem dazu beitragen, die Kriminellen zu bestrafen. Und ich möchte, dass die Familien der Opfer davon erfahren.

Verstehen Sie den Wunsch einiger Eltern nach Rache an den Peinigern ihrer Kinder? Oder plädieren Sie grundsätzlich für friedliche Lösungen?
Aus menschlicher Sicht verstehe ich natürlich diese Gefühle. Denn die Kinder und Familien der Ukraine haben nun schon über ein Jahr lang eskalierende Gewalt, Traumata, Zerstörung und Vertreibung erlebt. Kinder werden weiterhin durch Gewalt getötet, verwundet und zutiefst traumatisiert, Gewalt, die zu Vertreibungen in einem Ausmaß und einer Geschwindigkeit geführt hat, wie es seit dem Zweiten Weltkrieg nicht mehr der Fall war.

Aber wir alle warten auf eines: den Sieg und die Wiederherstellung der Gerechtigkeit. Nur die vollendete Gerechtigkeit gegenüber den Kriminellen wird den ukrainischen Familien zumindest ein wenig Erleichterung bringen.

Welche Geschichte ist die schlimmste, von der Sie in den letzten Jahren gehört haben? Welches Schicksal hat Sie am meisten berührt?
In diesem Krieg gibt es viele Geschichten von Kindern, die

einem eine Gänsehaut über den Rücken jagen. Zum Beispiel ein Junge, der auf die besetzte Krim verschleppt und nicht zurückgebracht wurde. Er ist seit sechs Monaten in Jewpatorija. Er erzählte mir, dass er aus dem Lager fliehen und alleine nach Hause gehen wollte. Doch dann fielen dem Jungen die Minen auf den Feldern ein und er dachte immer wieder darüber nach, wie er diesen Minen ausweichen und die Frontlinie überqueren könnte. Außerdem sah sein Fluchtplan vor, über eine Mauer zu klettern und Kontrollpunkte zu umgehen. Zum Glück hat das Kind erkannt, dass dies nicht der Ausweg sein konnte. Wir haben ihn inzwischen nach Hause gebracht, aber ich frage mich immer wieder, wie schlimm es für ihn war: Dieser Junge war bereit, durch Minenfelder zu rennen.

Und welches ist Ihr schönstes Erlebnis?
Ein junger Mann war so mutig, offen seine pro-ukrainische Position zum Ausdruck zu bringen, indem er die russische Flagge vom Fahnenmast im Lager entfernte, Sie kennen die Geschichte. Natürlich wurde er dafür bestraft. Aber all diese unglaublichen Kinder mit ihren Geschichten haben mich berührt und werden mir sicherlich für immer in Erinnerung bleiben.

Haben Sie manchmal Angst, sind Sie ohne Hoffnung? Und wenn, wie motivieren Sie sich, weiterzumachen?
Alle haben manchmal Angst. Wir sind nur Menschen. Ich setze einfach meine Arbeit fort. Ich träume davon, in meinem Land ein System von Dienstleistungen für Kinder zu schaffen. Das motiviert mich am meisten.

Haben Sie jemals gedacht (2014), dass so etwas wie dieser

Krieg möglich wäre und dass die Russen Ihre, die ukrainischen Kinder russifizieren werden?
2014 war für viele von uns ein schockierendes Jahr. Aber für diejenigen, die die Geschichte kennen, für diejenigen, die sich daran erinnern, was Russland schon immer propagiert hat, ist völlig klar, was Russland erreichen will, auch durch die Russifizierung unserer Kinder: Sie versuchen, ihr demografisches Problem zu kompensieren, indem sie Kinder einer Gehirnwäsche unterziehen, um sie in den nächsten Krieg mit der Ukraine zu schicken. Die 18- bis 20-jährigen Soldaten der sogenannten DVR und LPR kämpfen derzeit auf russischer Seite. Vor acht Jahren waren es zehn- bis zwölfjährige Kinder, die von Russland und den Besatzungsbehörden einer Gehirnwäsche unterzogen wurden. Für sie sind die Ukrainer nichts anderes als Arbeitskräfte für entlegene Regionen Russlands. Unsere wunderbaren Kinder sind für sie einfach »gutes Material«, um leere und verfallende Gebiete zu bevölkern. Das Hauptziel ist die Zerstörung der ukrainischen Volksgruppe: Statt dass man ukrainische Kinder an Ort und Stelle tötet, werden sie entführt und »umerzogen«. So hat es Hitler einst mit polnischen Kindern gemacht, und – wenn man sich die ältere Geschichte anschaut – so entstand im Osmanischen Reich die Armee der Janitscharen, in der entführte Kinder aus verschiedenen Nationen dienten.

Wie weit kann ein Staat sich in die Kindererziehung einmischen?
Weit, wie wir sehen. Während der sogenannten Ferien in diesen Kinderlagern wird den Kindern zwangsweise russische Geschichte, Sprache und Literatur beigebracht. Tat-

sächlich absolvieren die Kinder einen Intensivkurs zur Ent-ukrainisierung, der ihr Ukrainertum zerstört.

Fast täglich wird ihnen gesagt, dass sie für ihre Eltern wertlos seien, dass es in der Ukraine keine Zukunft gebe und dass eine gute Zukunft nur in Russland möglich sei. Da sie lange Zeit auf russischem Territorium und unter der russischen Propaganda verbracht haben, lassen sich Kinder leichter von Propagandisten beeinflussen. Die Russen nutzen die Verletzlichkeit der von ihren Eltern getrennten Kinder aus, um psychologischen Druck auszuüben. Das geht recht einfach, denn sobald man ein Kind von seinen Eltern wegnimmt, ist es leichter, es zu manipulieren und mit einem neuen Narrativ zu versehen.

Haben Sie noch Vertrauen in die Menschheit?
Das habe ich. Absolut! Ich habe so viele wundervolle Menschen gesehen, Familien, die alles verloren haben – aber nicht die Fähigkeit, zu lächeln und in die Zukunft zu blicken. Menschen, die selbst Tragödien erlebt haben, helfen anderen, mit Trauer umzugehen. Kinder, die Schreckliches erlebt haben, schauen nach vorn und erwarten nicht einmal Unterstützung von Erwachsenen.

Und gerade weil es auf der Welt so viele Fälle von Verrat, Konflikten und unethischem Verhalten gibt, ist es auch wichtig, die unzähligen Beispiele für Zusammenarbeit, Empathie und Fortschritt herauszuarbeiten, die es jeden Tag gibt. Viele Menschen arbeiten nämlich unermüdlich daran, einen positiven Beitrag für die Gesellschaft zu leisten, Vertrauen zu stärken und Verständnis zu fördern. Wir sehen, wie viele Länder die Ukraine bei ihrem Kampf unterstützen, wie viele Menschen uns helfen, zu gewinnen und die Gerechtigkeit wiederherzustellen.

Nachwort

von Sabine Oelmann

Warum tust du das?

Die letzten drei Monate gehören zu den intensivsten Monaten meines Lebens. Ich hatte das Privileg, die Herausforderung, und manchmal auch das Vergnügen, mit unglaublichen Menschen zu sprechen. Über ihre noch unglaublicheren Erfahrungen.

Ich möchte das Wort »Vergnügen« in diesem Zusammenhang unbedingt erläutern, denn wir haben absolut nur über grausame Themen gesprochen. Es geht darum, dass Kinder deportiert wurden – und noch immer werden. Dass Kinder ihren Familien entrissen werden, oder dass Kinder, die sowieso schon auf der Schattenseite des Lebens aufwachsen, in eine absurde Zukunft getrieben werden, aus Gründen, die so unfassbar unmenschlich sind, dass einem der Atem stockt.

Und das soll ein Vergnügen sein? Wenn Kinder eine Odyssee hinter sich haben, eine Deportation, sie nicht wissen, ob sie ihre Eltern jemals wiedersehen werden, wenn Eltern vor Verzweiflung lieber tot wären als lebendig und vor lauter Selbstzweifeln und Vorwürfen nicht mehr können? ›Was ist daran das Vergnügen?‹, fragen Sie sich. Und mich – zu Recht!

Lassen Sie es mich erklären: Ich habe so viel gelernt. Über Menschen, über Ausdauer, über Willenskraft, über Niemals-Aufgeben, über Stärke, über Liebe. Das Vergnügen ist, dass ich mit denen gesprochen habe, die es überlebt haben, die gewonnen haben, die weitermachen können. Das Vergnügen ist, dass wir auch in den traurigsten Situationen, in denen auf allen Seiten Tränen geflossen sind, manchmal gelacht haben. Mit den Interviewpartnern, mit meiner »zweiten Gehirnhälfte« und wundervollen Übersetzerin, die mich und meine Gedanken besser übersetzen kann, als ich sie je zusammenfassen könnte, und die mir mit großem Feingefühl das Wesen jeder einzelnen Person, die ich interviewt habe und deren Sprache ich nicht spreche, so nahe gebracht hat, dass ich mir nun einbilde, etwas über »die Ukrainer« gelernt zu haben. Sie gar ein bisschen zu verstehen.

Ich habe mir nach vielen Stunden, in denen wir mit Betroffenen gesprochen haben, sogar eingebildet, dass ich ein bisschen Ukrainisch verstehe. Das ist natürlich Unfug, denn das einzige Wort neben *djakuyu,* also »danke«, das ich immer wieder heraushören konnte, war *zrozumilo.* Was wohl »ich verstehe« heißt, und was meine Verbündete zwischendurch immer und immer wieder gemurmelt hat, wenn Kinder, Eltern, Großeltern, Tanten, Schwestern und Save-Ukraine-Mitarbeiter mit uns gesprochen haben und sie versucht hat, alles in Notizen für mich zu fassen.

Auf jeden Fall habe ich die Gefühle verstanden, die transportiert wurden, auch schon, bevor sie übersetzt wurden. Und das bedeutet mir sehr viel. Diese Zeit, diese Gespräche – sie haben meine Sicht auf die Welt, auf die Menschen, wirklich verändert. Ich habe verstanden, dass Anatoliy mir sagte, ich solle aufhören zu heulen und dabei so irre lieb geguckt hat, dass ich gleich weiterheulen musste. Er wollte mich trösten, mich, diejenige, der nichts passiert ist. Er, dessen Kinder verschleppt wurden, bis in eine psychiatrische Anstalt. Er, der den Bomben, die auf sein Haus geworfen wurden, entkommen ist, und dessen Baby seine älteren Geschwister erst nach acht Monaten kennengelernt hat.

Eine Großmutter hat geweint, als ich sie nach Ritualen fragte, die sie mit ihrer Enkelin hat, um das Kind zu beruhigen. Als ihr das übersetzt wurde, hat sie mich erst mal gefragt, welche Rituale meine Großmütter denn so verwendet haben: »Rücken kraulen, Lieblingsgericht kochen oder gedeckten Apfelkuchen backen, Märchen vorlesen, Tiere streicheln«, habe ich geantwortet, und sie hat gesagt: »Siehst du, das mache ich auch.« Es ist tatsächlich ein Vergnügen, wenn wir unsere Gemeinsamkeiten entdecken, und ich wette, dass es die Großmütter im Rest der Welt genauso machen.

Vor allem ein Interview werde ich nicht vergessen: Im Hintergrund Bombenalarm, und meine Kontaktperson in Kyiv bleibt cool. Auch die Interviewpartner, eine Mutter und ihr Sohn, bleiben ungerührt auf ihren Stühlen sitzen. Sie wissen, wie sich welche Sirenen anhören, sie wissen, wann es Zeit ist, einen Keller aufzusuchen, sie wollen sich von ein paar nahenden Raketen nicht ihr ganzes Leben diktieren lassen. Erst im letzten Moment huschen alle aus dem Bild.

Ich werde nie das schelmische Lächeln von Serhii, den mütterlichen Blick von Maria auf ihren kleinen Bruder, die Verzweiflung in den Augen der Patentante, die ihren Patensohn noch immer nicht gefunden hat, vergessen. Ich werde nicht vergessen, dass die Mitarbeiter:innen von Save Ukraine zwar wissen, dass sie noch Hunderttausende retten müssen, dass sie sich aber über jedes einzelne Kind, das in den Schoß der Familie zurückkehrt, freuen, als ob

Ostern und Weihnachten auf einen Tag fielen. Dass sie ihr eigenes Leben hinter das der Kinder stellen. Dass ihnen ihr eigenes Schicksal immer noch so viel einfacher vorkommt als das der Familien, die ihre Kinder suchen. Dabei befinden auch sie sich mitten in einem Krieg.

Ich hatte das Vergnügen, Menschen ein bisschen besser kennenzulernen, die ich sonst nie kennengelernt hätte. Die mir als Vorbilder dienen werden, wenn ich darüber jammere, dass ein Flug ausfällt oder meine Kinder nicht aufgeräumt haben. Es sind Lappalien, das wusste ich schon vorher. Aber nun fühle ich es auch. Ich wünsche mir, dass ich die, mit denen ich gesprochen habe, eines Tages wiedertreffen kann: in einem Café, auf einem Spielplatz, in einer Galerie. In Frieden.

Ich wünsche mir, dass viele Menschen dieses Buch lesen und verstehen, was für Grausamkeiten nicht weit entfernt von uns auf unserem grundsätzlich so wundervollen Planeten geschehen. Und dass wir nicht aufhören dürfen, hinzuschauen. Wir dürfen uns niemals daran gewöhnen, dass Krieg ist. Und wir müssen alles in unserer Macht Stehende dafür tun, den Kindern, die unschuldig sind an allem, eine lebenswerte Zukunft in ihrem Zuhause zu ermöglichen.

Zwischendurch habe ich gemotzt, geächzt und mich gefragt, worauf ich mich da eingelassen habe. Und warum. Ich hatte nun noch weniger Zeit für meine eigenen Dinge. Bis ich verstanden habe, dass genau das »mein eigenes Ding« ist. Es ist mein eigenes Ding – nicht nur, wie ich leben will, sondern wie wir leben wollen. Diese Kinder, die wiedergefundenen und die noch nicht gefundenen, sind zu meinem Ding geworden. Und ich bin froh darüber. Sie werden es bleiben, bis alle deportierten Kinder der Ukraine wieder zu Hause sind.

Ich danke Tatjana Kiel, Wladimir Klitschko und Save Ukraine, dass sie mir die Chance gegeben haben, diese Gespräche zu führen.

Berlin, im Juli 2023
Sabine Oelmann

Danksagung

Es ist vollbracht, und das Manuskript ist fast fertig. Ich versuche, die Gedanken, die sich in meinem Kopf überschlagen, zu sortieren: meine Wut über das Schicksal der Kinder, die Ungeduld, dass wir immer noch nicht mehr dagegen tun können. Ich wollte alle Emotionen in etwas Konstruktives, Rationales übersetzen, ich wollte etwas tun. Das ging uns allen so, und damit war die endgültige Entscheidung für dieses Buch gefallen.

Noch jetzt, ein paar Tage vor Abgabe der Texte, erschweren es uns die Unwägbarkeiten des Krieges, das umzusetzen, was wir uns vorgenommen haben: für die laut zu sein, die es nicht können! Die Geschichten zu erzählen, die gehört werden müssen!

Dass dieses Buch fertig geworden ist, haben wir dem unbedingten Willen aller Beteiligten zu verdanken. Um das in aller Deutlichkeit zu sagen: Es wäre einfacher gewesen, dieses Buch nicht zu planen und zu schreiben. Umso klarer ist das Zeichen, was wir damit setzen.

Danke dafür.
Danke für euch.
Danke für das Teilen des Schmerzes!

Danke Sabine, du hast dich getraut, was ich nicht gewagt hätte. Du hast diese emotionale Reise angetreten und die Interviews geführt, übersetzt und zu Papier gebracht. Keine Geschichte ohne Tränen. Keine Perspektive ohne ein zusammengezogenes Herz. Gemeinsam mit den Kolleg:innen von Save Ukraine, die rastlos und über ihre Grenzen hinaus alles möglich gemacht haben. Ihr seid die Seele dieses Buches.

Lieber Mykola und liebes Save-Ukraine-Team,
für euch alleine müsste ein eigenes Buch geschrieben werden. Ihr geht in die Geschichte ein. Ihr kämpft den Kampf der Guten und seid dabei die mutigsten Menschen, die ich kennenlernen durfte.

Liebe Dörte, liebe Nina, liebes Team von #WeAreAll Ukrainians,
es gab diese Momente, als wir uns ohne Worte verständigten und unsere Herzen haben sprechen lassen. Da fiel die Entscheidung, alles dafür zu tun, um Kinder wieder zu ihren Familien zurückzubringen. Dann gab es die Zeiten, in denen wir sehr viel diskutiert und abgewogen haben, wie wir das tun können. Wir haben beides gebraucht. Ohne diese Leidenschaft wäre dieses Buch nicht entstanden.

Liebes Klitschko-Ventures-Team,
unser Büro, unser Zusammensein geben mir die Kraft und Struktur, die es neben all der Emotionalität braucht, um Großes zu bewegen. Danke für die Organisation und Reichweite, die wir schaffen werden. Für die Achtsamkeit und den Schutz von Mensch und Marke, liebe Astrid, Nicole, Katharina, Carmen und lieber Matze.

Lieber Herr Puppe, liebes Heyne-Verlag-Team,
was für ein Ritt – und wer hätte gedacht, dass wir ein Buch
in drei Monaten schaffen?
Danke für Ihr Vertrauen.

Lieber Moritz Volk, danke für Ihre Geduld und das Ertra-
gen aller digitalen Nachrichten. Die Variation meiner
Sprachmemos, Fragen, Antworten und wirren Ideen haben
mich selbst manchmal an mir zweifeln lassen. Ihre Ruhe
hat uns die nötige Kraft gegeben.

Es gibt ein VOR und ein NACH dem Buch. Nach diesem
Buch werde ich eine andere sein, dachte ich zwischendurch.
Oder wie du sagtest, liebe Sabine: »Die letzten Wochen
haben was gemacht mit mir.«
Oder um es mit den Worten einer anderen Kollegin zu
sagen: »This is larger than life« – das ist der Grund, wes-
halb wir gemeinsam Teil dieses Buchs sind. Danke!

Tatjana Kiel,
Juli 2023

Hintergrundinformationen

Bekanntmachung des Internationalen
Strafgerichtshofs (ICC) vom 17.03.2023

Lage in der Ukraine: ICC-Richter erlassen Haftbefehle gegen Wladimir Wladimirowitsch Putin und Marija Aleksejewna Lwowa-Belowa.

Heute, am 17. März 2023, hat die Vorverfahrenskammer II des Internationalen Strafgerichtshofs (»IstGH« oder »der Gerichtshof«) im Zusammenhang mit der Lage in der Ukraine Haftbefehle gegen zwei Personen erlassen: Herrn Wladimir Wladimirowitsch Putin und Frau Marija Aleksejewna Lwowa-Belowa.

Herr Wladimir Wladimirowitsch Putin, geboren am 7. Oktober 1952, Präsident der Russischen Föderation, soll für das Kriegsverbrechen der rechtswidrigen Deportation der Bevölkerung (Kinder) und des rechtswidrigen Transfers der Bevölkerung (Kinder) aus den besetzten Gebieten der Ukraine in die Russische Föderation verantwortlich sein (gemäß Artikel 8 (2) (a) (vii) and 8 (2) (b) (viii) des Römischen Statuts). Die Verbrechen sollen zumindest ab dem 24. Februar 2022 in den besetzten ukrainischen Gebieten begangen worden sein. Es gibt hinreichende Gründe für die Annahme, dass Herr Putin für die genannten Verbrechen individuell strafrechtlich verantwortlich ist, i) weil er die Handlungen unmittelbar, gemeinsam mit anderen und/oder durch andere begangen hat (Artikel 25 (3) (a) des Römischen Statuts) und ii) weil er es versäumt hat, seine zivilen und militärischen Untergebenen, die die Handlungen begangen oder ihre Begehung zugelassen haben und die seiner tatsächlichen Autorität und Kontrolle unterstanden, gemäß der Verantwortlichkeit des Vorgesetzten angemessen zu kontrollieren (Artikel 28 (b) des Römischen Statuts).

Frau Marija Aleksejewna Lwowa-Belowa, geboren am 25. Oktober 1984, Kommissarin für Kinderrechte im Büro des Präsidenten der Russischen Föderation, ist angeblich für das Kriegsverbrechen der rechtswidrigen Deportation der Bevölkerung (Kinder) und des rechtswidrigen Transfers der Bevölkerung (Kinder) aus den besetzten Gebieten der Ukraine in die Russische Föderation verantwortlich (gemäß Artikel 8 Absatz 2 Buchstabe a Ziffer vii und Artikel 8 Absatz 2 (b) (viii) des Römischen Statuts). Die Verbrechen sollen zumindest ab dem 24. Februar 2022 in den besetzten ukrainischen Gebieten begangen worden sein. Es gibt hinreichende Gründe für die Annahme, dass Frau Lwowa-Belowa die individuelle strafrechtliche Verantwortung für die genannten Verbrechen trägt, weil sie die Taten unmittelbar, gemeinsam mit anderen und/oder durch andere begangen hat (Artikel 25(3)(a) des Römischen Statuts).

Die Vorverfahrenskammer II kam auf der Grundlage der Anträge der Staatsanwaltschaft vom 22. Februar 2023 zu dem Schluss, dass es hinreichende Gründe für die Annahme gibt, dass jeder Verdächtige für das Kriegsverbrechen der rechtswidrigen Deportation der Bevölkerung und den rechtswidrigen Transfer der Bevölkerung aus den besetzten Gebieten der Ukraine in die Russische Föderation verantwortlich ist, wobei ukrainische Kinder benachteiligt werden. Die Kammer war der Ansicht, dass die Haftbefehle geheim sind, um Opfer und Zeugen zu schützen und die Ermittlungen zu sichern. In Anbetracht der Tatsache, dass das Verhalten, um das es im vorliegenden Fall geht, angeblich noch andauert und dass die öffentliche Bekanntmachung der Haftbefehle dazu beitragen kann, die Begehung weiterer Straftaten zu verhindern, ist die Kammer jedoch der Ansicht, dass es im Interesse der Justiz liegt, die Kanzlei zu ermächtigen, die Existenz der Haftbefehle, die Namen der Verdächtigen, die Straftaten, für die die Haftbefehle ausgestellt wurden, und die von der Kammer festgelegten Haftungsmodalitäten öffentlich bekannt zu machen.

Die oben genannten Haftbefehle wurden aufgrund der Anträge der Staatsanwaltschaft vom 22. Februar 2023 erlassen.

Statement von Save Ukraine zur Deportation von Kindern in die Russische Föderation

Mit dem Beginn des Krieges Russlands gegen die Ukraine tauchten beunruhigende Informationen über die Abschiebung ukrainischer Kinder nach Russland auf. Die ersten Fälle wurden im Jahr 2014 gemeldet. Mit dem Beginn eines umfassenden Krieges nahm dieses Phänomen schnell überwältigende Ausmaße an.

Seit 2014 entführen Russen ukrainische Kinder unter dem Vorwand einer »Evakuierung«. Die entführten Kinder wurden später einer Gehirnwäsche unterzogen – und nun führen sie Waffen gegen ihre ukrainischen Mitbürger, weil sie dazu manipuliert wurden, auf der Seite Russlands zu kämpfen.

Bis zum 12. Dezember haben die Russen nach Angaben des staatlichen ukrainischen Portals Dity Viyny (»Kinder des Krieges«) 13.124 Kinder deportiert. Russische Medien berichten jedoch von einer erschreckenden Zahl von 712.000 deportierten ukrainischen Kindern.

Die Besatzer entführen ukrainische Kinder unter dem Deckmantel einer angeblichen Evakuierung und Freizeitgestaltung in die Russische Föderation. Das humanitäre

Völkerrecht stuft solche Aktionen als Kriegsverbrechen ein.

Die Deportation und gewaltsame Verbringung von Personen ist gemäß Artikel 7 des Römischen Statuts des Internationalen Strafgerichtshofs ein Verbrechen gegen die Menschlichkeit.

Die Ukraine und die internationale Gemeinschaft sollten alle möglichen Maßnahmen ergreifen, um Mechanismen für die Rückkehr ukrainischer Kinder zu entwickeln, die gewaltsam in die Russische Föderation verbracht wurden. Unsere Kinder müssen nach Hause zurückkehren!

Es gibt allen Grund zu der Annahme, dass eine solche Entführung von Kindern geplant wurde.

Zunächst einmal wird die Entführung ukrainischer Kinder von Russland auf höchster staatlicher Ebene gesteuert. Am 26. Oktober gab Marija Lwowa-Belowa, die Beauftragte des russischen Präsidenten für Kinderrechte, bekannt, dass sie einen aus Mariupol entführten Jungen »adoptiert« hat. Das ist richtig: Eine Ombudsfrau zeigt der gesamten zivilisierten Welt, wie man entführte Kinder aus einem anderen Land adoptiert – ohne jegliche Konsequenzen. Ihren Worten zufolge wurden in diesem Zeitraum 350 Waisenkinder aus der Ostukraine »in Pflegefamilien in 16 Regionen Russlands untergebracht«.

Zweitens wird die Tatsache, dass die Deportationskampagne im Voraus geplant war, auch durch die Tatsache bestätigt, dass die Ukrainer, einschließlich der Kinder, in Filtrationslager gebracht wurden, bevor sie auf die Regionen Russlands verteilt wurden. Nachdem sie die »Filterung« durchlaufen hatten, fanden sie sich in Russland wieder, und der Prozess ihrer »Legalisierung« – die erzwungene Assimilierung an die russische Umgebung –

begann. Insbesondere durch die Verfahren zur Einrichtung einer Vormundschaft und der anschließenden Adoption. Tatsächlich hat der russische Präsident das Verfahren zur Verleihung der russischen Staatsbürgerschaft an ukrainische Kinder vereinfacht. Und es überrascht nicht, dass auch das Adoptionsverfahren vereinfacht wurde.

Im Juli räumte Russland die Entführung von mehr als 2.000 Waisenkindern aus der Ukraine während der ersten fünf Monate des Krieges ein. Die russischen Behörden bezeichneten diese Entführung jedoch als »Evakuierung« auf ihr Gebiet.

Um gewöhnliche Russen zu ermutigen, zwangsumgesiedelte Kinder zu adoptieren, wird ihnen »eine einmalige Zahlung von Mutterschaftskapital und staatlicher Hilfe« angeboten. Dies sind 20.000 Rubel (ca. 12.000 UAH – 300 Dollar) pro Jahr für jedes adoptierte Kind und etwa 150.000 (ca. 91.000 UAH – 2.275 Dollar) für ein behindertes Kind, ein Kind, das älter als sieben Jahre ist, und die »Adoption« von Geschwistern.

Es ist bekannt, dass über 1.000 ukrainische Kinder, die aus dem zerstörten Mariupol deportiert wurden, allein in der russischen Region Krasnodar zur »Adoption« freigegeben wurden. Die Abteilung für Familien- und Kinderangelegenheiten der Region Krasnodar berichtet, dass die Kinder, die aus der vom russischen Militär zerstörten Stadt entführt wurden, nun in Tjumen, Irkutsk, Kemerowo und der Region Altai leben werden. Dies ist ein weiterer Beweis dafür, dass die Deportation sorgfältig geplant war: Während der gesamten Zeit wurde in Russland aktiv Propaganda für ukrainische Kinder verbreitet, und die Botschaft »detstvo.vozvrashchenie« (»Kindheit.die Rückkehr«) wird unter den Russen verbreitet. Dieser Titel verkörpert die Essenz der Deportation – die Rückkehr der angeblich »verlorenen« Ukrainer nach Russland im Rahmen der von Putin verkündeten völkermörderischen Idee der »einen Nation«.

Es gibt Berichte über Propagandaserien über Kinder aus dem Donbass, die in russische Familien »adoptiert« wurden, die in Russland ausgestrahlt werden. In den Serien wird erwähnt, dass angeblich über 150.000 Minderjährige aus den Regionen Donezk und Luhansk »evakuiert« wurden.

Geografisch gesehen fanden die Deportationen an vielen Orten statt. Ukrainische Kinder wurden aus allen vorübergehend besetzten Regionen der Ukraine – Charkiw, Tschernihiw, Saporischschja und Cherson – verschleppt. Gleichzeitig begann unter dem Deckmantel der »Evakuierung vor Bombenangriffen« auch die gewaltsame Deportation von Kindern aus den vor dem 24. Februar von Russland besetzten ukrainischen Gebieten.

Die Hauptziele der Deportation waren nicht die Grenzregionen. Die russischen Behörden haben sich bewusst dafür entschieden, die deportierten Kinder in Gebiete »umzusiedeln«, die Tausende von Kilometern von der Ukraine entfernt sind. Und noch ein paar Worte zu den Gefahren dieses illegalen Adoptionsverfahrens. So kann der Adoptierende nicht nur den Vor- und Nachnamen des Kindes ändern, sondern sogar das Geburtsdatum. Das bedeutet, dass es für uns in Zukunft sehr schwierig sein wird, unsere Kinder zu identifizieren.

Nach der Verabschiedung dieses absurden Gesetzes werden ukrainische Kinder in einem vereinfachten Verfahren adoptiert, und ihre Dokumente werden vernichtet, was ein Beispiel für den Völkermord am ukrainischen Volk und einen Verstoß gegen das Römische Statut des Internationalen Strafgerichtshofs darstellt. Und eine Adoption ist nach den Gesetzen der Russischen Föderation ein Geheimnis. Wenn der Adoptierende die Adoption geheim hält, wird es unglaublich schwierig sein herauszufinden, wo das Kind ist. Die Ukraine hat keine genauen Informationen darüber, wie viele Kinder von Russland zwangsadoptiert wurden.

Und natürlich reagiert das Aggressorland nicht auf offizielle ukrainische Anfragen zur Klärung von Informationen über ukrainische Kinder. In diesen Tagen führt Russland eine aktive staatliche Kampagne zur Förderung der Adoption deportierter ukrainischer Kinder mit dem Ziel ihrer Integration in die russische Gemeinschaft durch. Und der tschetschenische Staatschef Ramsan Kadyrow brüstete sich persönlich damit, dass er »problematische« Jugendliche aus ukrainischen Waisenhäusern aufgenommen habe. Kadyrow droht nun damit, deportierte ukrainische Kinder in eine »militärisch-patriotische Erziehung« zu stecken.

Gemeinsame Erklärung der diplomatischen
Vertretungen in der Ukraine zum
Internationalen Tag des Kinderschutzes
über die Deportation ukrainischer Kinder durch
Russland

Heute, am Internationalen Tag für den Schutz von Kindern in der Ukraine und in der gesamten Region, fordern wir, die Botschaften, die sich dieser Erklärung angeschlossen haben, die Russische Föderation auf, die ukrainischen Kinder in die Ukraine zurückzuführen. Wir sind entsetzt über die von Russland in großem Umfang betriebene Zwangsverbringung und Deportation von Kindern nach Russland oder in russisch kontrollierte Gebiete innerhalb der Ukraine und nehmen in diesem Zusammenhang die vom Internationalen Strafgerichtshof ausgestellten Haftbefehle zur Kenntnis.

Die ukrainische Regierung hat über 19.000 Kinder identifiziert, die unrechtmäßig deportiert oder anderweitig von ihren Eltern oder Erziehungsberechtigten getrennt wurden. Diese Zahl steigt weiter an, wobei in jüngster Zeit auch Kinder aus der Region Saporischschja deportiert wurden. Russland hat Kinder aus ihren Schulen und ihren Häusern geholt – auch solche, die in Heimen leben –, während andere im Rahmen des sogenannten russischen Filterverfahrens von ihren Familien getrennt wurden. Nur sehr wenige wurden zurückgeschickt. Dieses Trauma wird diese Kinder und ihre Familien für den Rest ihres Lebens belasten.

Während die Russische Föderation behauptet, es handele sich um »Evakuierungen«, stellen wir fest, dass die UN-Untersuchungskommission zu dem Schluss kam, dass keiner der untersuchten Fälle durch Sicherheits- oder medizinische Gründe gerechtfertigt war und auch nicht den Anforderungen des humanitären Völkerrechts entsprach. Die Hindernisse, die Russland errichtet, um ukrainischen Kindern die Zusammenführung mit ihren Familien und Bezugspersonen unmöglich zu machen, untergraben Russlands Darstellung. Direkte Verwandte oder Erziehungsberechtigte müssen eine gefährliche und kostspielige Reise auf sich nehmen, um ihre Kinder abzuholen. Während dieser Reise sind sie einem hohen Risiko der Verhaftung und des Verhörs ausgesetzt – ebenso wie diejenigen, die ihnen helfen. In einigen Fällen kommen die Eltern in Russland an und müssen feststellen, dass die Behörden ihr Kind in einer Pflegefamilie versteckt haben.

Unrechtmäßig deportierte Kinder sind missbräuchlichen Indoktrinationsprozessen ausgesetzt, die darauf abzielen, ihre ukrainische Identität systematisch zu untergraben und auszulöschen, und zwar durch »Umerziehungs«-Programme als Teil einer intensiven militarisierten Schulpraxis. Die ukrainischen Kinder werden mit russischen Desinformationen konfrontiert, während ihnen der Zugang zu alternativen Stimmen und Bildung in ukrainischer Sprache verwehrt wird. Ihre neue Umgebung ist sprachlich und kulturell vollständig russisch. Diese Praxis verstößt gegen eine Vielzahl von Kinderrechten, die in den internationalen Menschenrechtsnormen und im humanitären Völkerrecht verankert sind, darunter das Recht auf

Familie, auf Identität und auf Bildung. Auch Kinder in den vorübergehend von Russland kontrollierten Gebieten der Ukraine sind dieser Indoktrination ausgesetzt, da die Russische Föderation den örtlichen Schulen ihren Lehrplan aufzwingt, dem gemäß die Kinder mit russischen Soldaten zusammentreffen und lernen, wie man mit Waffen umgeht. Den Eltern wird gedroht, dass sie das Sorgerecht für ihr Kind verlieren, wenn sie sich weigern, es einzuschulen.

Wir erinnern die Russische Föderation an ihre völkerrechtlichen Verpflichtungen, ihren illegalen Angriffskrieg zu beenden und den Schutz des Lebens aller Kinder zu gewährleisten. Wir fordern Russland auf, die Achtung der kulturellen Identität der Kinder zu gewährleisten und die gewaltsame Überführung von Kindern in die Russische Föderation sowie seine Bemühungen, ukrainische Kinder zu indoktrinieren und sie zu zwingen, russisch zu werden, einzustellen. Schließlich fordern wir die Russische Föderation auf, in Zusammenarbeit mit den ukrainischen Behörden die Kinder der Ukraine dorthin zurückzubringen, wo sie hingehören: in die Ukraine.

Die internationale Gemeinschaft steht an der Seite der Ukraine, um ihre zukünftigen Generationen zu schützen. Wir werden die Russische Föderation für ihr illegales und barbarisches Vorgehen in der Ukraine zur Rechenschaft ziehen.

Quelle:
https://reliefweb.int/report/Ukraine/deportation-ukraini
an-children-russia-joint-statement-enuk

Über die Mitwirkenden

Mein Name ist **Dörte Kruppa** und ich bin Co-CEO von #WeAreAllUkrainians. Am 24.2.2022, dem Beginn des russischen Angriffskrieges gegen die Ukraine, war ich wie viele andere Menschen in einer Art Schockstarre. Ich fühlte mich hilflos, machtlos, zutiefst traurig und leer.

Etwas tun gegen das furchtbare Unrecht, statt Ohnmacht ins Handeln kommen und so schnell wie möglich größtmögliche Hilfe leisten – das waren und sind bis heute meine Motivationsfaktoren. Ich bin seit mehr als zwei Jahrzehnten Vermögensberaterin (DVAG). Durch meine Selbstständigkeit war es mir möglich, meine Zeit frei einzuteilen.

Zu Beginn starteten wir sehr ad-hoc, was durch unzählige Hilfsangebote und die Schienenbrücke möglich war. Für uns und unser schnell wachsendes Team von Ehrenamtlichen gab es fortan keinen Feierabend und kein Wochenende mehr. Wir alle hatten eine Mission, der wir noch heute folgen.

Wir bleiben laut, und die Menschen in der Ukraine haben es verdient, für ihre Zukunft in Freiheit von uns bestmöglich unterstützt zu werden.

Im April 2023 merkten wir, dass wir einige Hürden in den Weg gestellt bekamen, da wir nicht als gemeinnützig anerkannt waren. Für die Spender wurde dies immer wichtiger, daher gründeten Tatjana Kiel und ich die #WeAreAllUkrainians gGmbH.

In den vergangenen Monaten gab es viele emotional herausfordernde Situationen für mich. Besonders nah gehen mir die persönlichen Geschichten, die oftmals sehr tragisch sind. Manchmal haben diese auch unser #WAAU-Team zum Weinen gebracht.

Ende November 2022 erhielten wir von unserer Partner-NGO in der Ukraine die ersten Informationen über nach Russland deportierte Kinder, die eventuell wieder in ihre Heimat zurückgebracht werden könnten. Fassungslos hörten wir uns die ersten Geschichten an, um zu verstehen, wie die Prozesse funktionieren.

Es dauerte nicht lange, genau bis zum Abend des 8. Dezember 2022, als wir den akuten Hilfeaufruf nach finanziellen Mitteln bekamen, deportierte Kinder wieder nach Hause zurückzuholen. Es war sehr spät abends, als wir zu dritt in einem Call entschieden haben, die Gelder freizugeben. Die Freude bei unserem Partner war riesig, und am nächsten Morgen erfuhren wir, dass die Mütter sich noch in dieser Nacht auf den Weg gemacht hatten. Als Mutter von drei Kindern kann ich es absolut nachvollziehen, dass man sein Kind so schnell wie nur irgend möglich wieder in seine Arme schließen möchte.

Seitdem die erste Rettung geglückt ist, unterstützen wir nun fortlaufend.

Ich bin sehr stolz, ein Stück weit helfen zu können, das unsagbare Leid zu lindern, Hoffnung zu geben und Lebensläufe dadurch positiv zu beeinflussen. Herzlichen Dank an alle Unterstützer.

Nina Paul, geschäftsführende Gesellschafterin der jüngst gegründeten gemeinnützigen GmbH Score 4 Impact, blickt auf eine 15-jährige Berufserfahrung im Marketing- und Kommunikationsbereich in der Konsumgüterbranche zurück und war zuletzt achteinhalb Jahre als Managerin bei Colgate-Palmolive tätig.

Als der Krieg in der Ukraine am 24. Februar 2022 ausbrach, befand sie sich als frisch gebackene Mutter ihres zweiten Kindes gerade in Elternzeit. Nach der erschreckenden Erkenntnis, dass nur etwas über tausend Kilometer weiter in Europa ein Krieg ausgebrochen und die furchtbare Prophezeiung der Medien zur plötzlichen Wirklichkeit geworden war, stand für sie fest, dass sie aktiv werden und die Betroffenen unterstützen wollte. Die Vorstellung, wie es den Familien, Müttern und Kindern in dieser grausamen neuen Lebenssituation plötzlich erging, beschäftigte sie sehr. Über eine persönliche Verbindung kam sie mit #WeAreAllUkrainians und Tatjana Kiel in Kontakt, die eine erfahrene Projektleitung für ein Mutter-Kind-Projekt suchte. Es dauerte keine zehn Minuten, und sie sagte zu. Es ging los – immer im Schlepptau ihr kleiner Sohn.

Zu Beginn des Krieges wurde häufig kommuniziert, dass Mütter und ihre Neugeborenen nach der Geburt nicht ausreichend versorgt waren, Neugeborene viel zu früh das Licht der Welt erblickten und es vor Ort teilweise an den einfachsten Produkten mangelte. Die Mutterschutz-Initiative entstand, und nur 14 Tage später wurden die ersten 10.000 Pakete dank der großartigen Unterstützung und Spende von dm-drogerie markt in die Ukraine geliefert. Für Nina Paul folgten die Entwicklung und Umsetzung zahlreicher weiterer großer Projekte, wie z. B. der Aufbau von zwölf Tageszentren für Waisenkinder, die Unterstützung und Neuausrichtung von sogenannten Hope & Healing Centers, in denen evakuierte Menschen Zuflucht finden, die Entwicklung eines Bildungsprojekts für Kinder in der Ukraine und einige mehr. Was sie allerdings als Mutter von zwei kleinen Kindern nicht losließ, war das Thema der Kinder-Deportationen. Ihr wurde schnell klar, dass es bei diesem dringlichen Thema, einem grausamen Verbrechen, überaus wichtig ist, sich schnell auf Lösungswege und ein Hilfskonzept zu konzentrieren und dabei die Emotionen auszublenden, so schwer es einem bei all den individuellen Geschichten und Schicksalen auch fällt. Somit entwickelte sie gemeinsam mit dem Team und der Partnerorganisation Save Ukraine ein Hilfskonzept, das sich über die Bereiche Aufklärung, Rettung, Rehabilitation und Dokumentation erstreckt, und begann, dieses mithilfe vieler großzügiger Spenden in die Tat umzusetzen und zu begleiten. »Auch wenn es sich bei der Vielzahl von Verschleppungen manchmal anfühlt wie ein Tropfen auf den heißen Stein, ist jede individuelle Rettung und Familienzusammenführung ein gigantischer Erfolg. Denn es gibt nichts Wichtigeres und Schützenswerteres als das eigene Kind«, betont Nina Paul, die #WeAreAllUkrainians seit Kriegsbeginn ehrenamtlich unterstützt. Aus diesen Erfahrungen ist nun auch die Idee von score4impact entstanden, eine Initiative, die sich zukünftig für noch mehr nachhaltiges und skalierbares soziales Engagement stark macht.

Sabine Oelmann ist Journalistin. Sie arbeitet seit vielen Jahren als Redakteurin und Kolumnistin beim Nachrichtensender ntv. Sie liebt es, Interviews zu führen. Bisher handelte es sich dabei meist um Interviews mit SchauspielerInnen, MusikerInnen, DesignerInnen und SchriftstellerInnen. Mit den Anforderungen im Beruf, die zuerst Corona und dann der Krieg in der Ukraine mit sich brachten, hat sich jedoch das Themenspektrum erweitert: Es geht nicht mehr nur um Glanz und Glamour, es geht darum, über die Realität zu berichten. Die Berlinerin, die mit ihrer Familie in der Hauptstadt lebt, hat am 24. Februar 2022 nicht glauben wollen, dass nur 1500 Kilometer weiter in Europa tatsächlich ein Krieg ausbrach (der genau genommen natürlich bereits 2014 mit der Annektierung der Krim begonnen hatte). Die Bilder am Hauptbahnhof sprachen jedoch eine deutliche Sprache: Tausende Geflüchtete kamen innerhalb kürzester Zeit nach Deutschland. Ähnlich wie 2015 bei der Syrienkrise war allen Menschen mit Verstand und Herz sofort klar, dass was getan werden musste.

Sabine Oelmanns persönliches Ukraine-Projekt wurde das leer stehende Haus einer Freundin, die sich spontan bereit erklärte, dort Frauen und Kinder aufzunehmen. Ruckzuck wurde das Haus eingerichtet: Familie, Freunde, Kollegen spendeten Sachen und Geld, nach ein paar Tagen konnten die ersten Familien einziehen. Die meist jungen Frauen und ihre Kinder reisten mit einem Rollköfferchen und manche mit ihrer Babuschka, sie hatten 200 Euro in ihrer Lieblingshandtasche und viel Hoffnung: die Hoffnung, dass sie bald wieder in ihre Heimat zurückkönnten. Inzwischen, nach über zehn Monaten im Haus, wohnen alle woanders, sie lernen Deutsch, sie wollen arbeiten, die Kinder gehen zur Schule und in den Kindergarten, man feiert ukrainisches Ostern zusammen, unterstützt da, wo es nötig ist und betet mit den neuen Freundinnen, dass sie niemals schlechte Nachrichten von oder über ihre Männer bekommen. Sabine Oelmann dankt ganz besonders ihrem Mann und ihren Freundinnen Danielle Winter, Birga Hauptmann und Angela Freese für die gezielte Hilfe und ihre unendliche Empathie. »Dass man, wenn man sich mit der Ukraine auseinandersetzt, irgendwann auf Tatjana Kiel stößt, versteht sich fast von selbst«, sagt die Autorin, die ehrenamtlich für dieses Buch gearbeitet hat. »Was beweist, dass es im größten Unglück so etwas wie Glück gibt!«

Mykola Kuleba ist Gründer und CEO der Organisation Save Ukraine, Präsident der internationalen Wohltätigkeitsorganisation Children's Rescue Service und Mitbegründer der Nationalen Allianz »Ukraine ohne Waisen«. Seit Juni 2021 hat er ein Netzwerk von Anlaufstellen für Binnenvertriebene in der Ukraine aufgebaut und seit Beginn der umfassenden Invasion Russlands in der Ukraine über 98.000 Familien mit Kindern aus dem Kriegsgebiet evakuiert. Ferner organisierte er die Aktivitäten des Teams im Zusammenhang mit der Rückkehr ukrainischer Kinder, die von der Russischen Föderation deportiert wurden.

»Viele Leute irren sich mittlerweile, wenn sie sagen, der Krieg in der Ukraine habe am 24. Februar 2022 begonnen. Russlands Krieg gegen die Ukraine begann im Frühjahr 2014. Und da habe ich die Organisation ›Save Ukraine‹ gegründet. Vor acht Jahren haben wir mit der Evakuierung von Kindern, Familien, Internaten und Waisenhäusern begonnen. Damals waren wir fest davon überzeugt, dass wir diese Erfahrung nie wieder machen würden.

Seit mehr als 20 Jahren rette ich Kinder in schwierigen Lebensumständen. Seit 2014, als die russische Invasion in der Ukraine begann, habe ich das Save Ukraine Center for Mutual Assistance gegründet. Daher verfügt mein Team seit 2014 über Erfahrung in der Evakuierung und Rettung von Kindern und Familien aus Kampfgebieten. Seit dem 24. Februar 2022 ist unser Team rund um die Uhr im Einsatz, um Kinder aus dem Krieg zu retten.

Tausende Kinder leben jetzt in blockierten Städten: ohne Nahrung und Wasser, unter ständigem Beschuss und unter der Kontrolle von Menschen, die ein Kind für einen falschen Blick erschießen können.

In diesem Krieg sterben keine ›mythischen‹ Kinder. Diese sind ganz real, genau wie Ihre Kinder. Sie gingen zur Schule oder in den Kindergarten. Sie waren auch Fans von Einhörnern und Superhelden. Und diese Kinder liebten auch Kinderüberraschungen. Dabei handelte es sich um ganz bestimmte Kinder mit ganz bestimmten Namen und bestimmten Träumen. Sie können sich nicht einmal vorstellen, wie beängstigend es für mich, einen erwachsenen Mann, ist, das Wort ›waren‹ zu sagen, wenn es um Kinder geht, wie schrecklich es ist, über Hunderte von Kindern in der Vergangenheitsform zu sprechen. Jedes dieser Kinder ist jetzt ein Schutzengel der Ukraine.

Es ist kaum vorstellbar, wie sich ihre Eltern fühlen. Und sie verlangen Auskunft darüber: ›Aus welchem Grund wurden unsere Kinder getötet?‹«

.